Fotografie Ursel Borstell
Text Susanne Wiborg

Erlesene Gartenpflanzen

Von Allium bis Zaubernuss – die Highlights für jeden Standort

Bassermann

Geflügeltes Herz als Vorbote neuer Gartenfreuden: Galanthus 'Dionysos'.

Inhaltsverzeichnis

Pflanzen-Highlights – oder: Wege zum grünen Glück

Highlights – aber welche?

„Highlight" ist ein Mode-Anglizismus schlechthin. Klingt einfach cool, sophisticated sozusagen, und bezeichnet mittlerweile so ziemlich alles, was auch nur irgendwie aus der Masse hervorgehoben werden soll: neue Legehennenkäfige ebenso wie das wöchentliche Sonderangebot im Schnäppchenmarkt. Ein Wort auf dem Weg zur Phrase, die irgendwann durch die nächste Mode ersetzt werden wird. Und doch: Es kann auch passen, perfekt sogar. „Highlight" bedeutet, wörtlich übersetzt, Schlaglicht oder Glanzlicht und „to highlight" etwas beleuchten, betonen oder hervorheben. Mithin ein Begriff, der nicht nur für Fotografie und Bühne, sondern auch für den Garten wie gemacht ist. Dort bringt er eine Fülle von Assoziationen: das leuchtende Weiß der ersten Schneeglöckchen, das frühe Licht des Juni auf der Rosenblüte, Sommersonne, hell wie ein Bühnenscheinwerfer, den Schimmer der Nachtkerzen in der Dämmerung, glühendes Herbstlaub und den funkelnden Reif, mit dem sich alles verabschiedet. Unvergessliche Stimmungsbilder, bestenfalls sogar einige jener ebenso kostbaren wie seltenen perfekten Momente. Highlights eben – aber wahre.

Jedoch – es geht auch andersherum: Sommersonne zum Beispiel ist nicht nur glänzend, sie ist auch präzise und unbarmherzig. Sie kann nicht nur beleuchten, sie kann sezieren. Ist der Garten eher nach dem Zufallsprinzip angelegt, setzt sie garantiert exakt das ins volle Licht, was besser im Schatten bliebe. Diese abgelegene Ecke etwa, in der diverses Gerümpel der Vergessenheit anheim fallen sollte. Die falschen Pflanzen am falschen Platz, etwa den zu weit nach vorne gepflanzten, hohen und struppigen Busch, dessen Auftritt nun dem des klassischen Western-Schurken auf der Main Street ähnelt: Düster und drohend wirft er seinen harten Schatten über die eingeschüchterten Nachbargewächse. High Noon im Beet. Später im Jahr wird das Licht zwar wieder milder, doch nicht unbedingt gnädig. Selbst Frost und Schnee sind beileibe nicht immer die alles verhüllenden Weichzeichner: Sie können, statt des malerischen Korkenzieher-Hasels, genauso mühelos die dominant plastikblaue Altpapiertonne direkt dahinter in den Mittelpunkt des Interesses rücken. Ebenfalls Gartenstimmungen, ebenfalls unvergessliche Highlights – aber solche der deutlich unerwünschten Sorte.

„Stumme Biographie": Gärten sind Individuen

Eines Minimums an gezielter Planung und Vorbereitung bedürfen die Glanzlichter im Grünen also allemal. Das Problem dabei ist gleichzeitig der größte Reiz, die verlockendste Herausforderung: Es gibt mannigfache Möglichkeiten, es gibt unzählige Vorbilder – aber es gibt kein Schema. Gärten sind Lebewesen, manchmal prachtvoll, manchmal verstörend, manchmal sogar Gesamtkunstwerke. Meist jedoch auf sehr liebenswürdige Weise unperfekt, mit ureigenen Stärken und Schwächen – und immer ein Spiegel der Menschen, die sie anlegen und mit ihnen leben. Individuen also, genauso verschieden wie ihre Besitzer, und oft mehr als gewollt verräterisch. In wirklich jeder Beziehung: „Der Privatgarten zu Hamburg", so überlieferte Hans Leip aus der ebenso handelsstolzen wie traditionell gartenverrückten Freien und Hansestadt, „war eigentlich bis zur letzten Jahrhundertwende ein so gültiger Maßstab für die Kreditfähigkeit eines Mannes wie sein Warenlager oder seine Geschäftsverbindungen."

Leidenschaftliche Farben, rational gesetzt: Ein Tulpen-Bild voll Tiefe und Geheimnis.

Schönheit en gros: Narcissus 'Tête-à-tête' ...

Der Wiener Hugo von Hofmannsthal dagegen sah zur selben Zeit im Garten eher einen Spiegel der Seele als eine grüne Kreditauskunft. In „Es werden Gärten sein“ schrieb er: „Es hat nicht jeder einen alten Garten bei seinem Hause, und wer heute baut, soll nicht einen alten Garten kopieren, sondern ihm seine paar Wahrheiten ablernen ...

Irgendwie wird er mit der Anlage dieses Gartens seine stumme Biographie schreiben, so wie er sie mit der Zusammenstellung der Möbel in seinen Zimmer schreibt. Der Ausgleich zwischen dem Bügerlichen und dem Künstlerischen (und es gibt im Grunde nichts, was dem Dichten so nahesteht, als ein Stück lebendiger Natur nach seiner Phantasie umzugestalten), der Ausgleich zwischem dem Netten und dem Pittoresken, der Ausgleich zwischem dem Persönlichen und der allgemeinen Tradition, dies alles wird unseren Gärten ihre nie zu verwischenden Physiognomien geben. Sie werden da sein und werden etwas ganz bestimmtes sein, eine jener Chiffren, die die eine Zeit zurücklässt für die Zeiten, die nach ihr kommen.“

Garten- und damit auch Pflanzen-Highlights müssen also zwangsläufig variieren. Einmal mit dem Wechsel von Zeitgeist und Mode: Die letzte Jahrhundertwende favorisierte Palme im Boskett, Exotisches und Prätentiöses, und verachtete natürlich Gewachsenes. Ein Trend, der bald Gegenströmungen weckte und sich später umkehrte. Ganz ähnlich verlief die Entwicklung ab der Mitte des zwanzigsten Jahrhunderts: Rabatten im Stil zwischen Nierentisch und Waschbetonkante, in harten Farben bepflanzt, folgte der Gegentrend bis hin zum fundamentalistischen Ökogarten. Zum Zweiten liegen die Höhepunkte immer ebenso im Auge des Betrachters wie im Beet, heute mehr denn je: Für den einen ist das Maß aller Dinge die professionell durchgestylte, von Bonität und Trendkenntnis gleichermaßen kündende Anlage, für den anderen sind das große Glück eher der Distelfink am stehen gelassenen Samenstand oder die überbordende Heckenrose.

... und Rudbeckia fulgida, Achillea filipendulina, Alcea rosea.

Malen mit flächiger Pflanzung: Tagetes patula, Tagetes tenuifolia, Heliotropium arborescens ...

... und Muscari armeniacum, Muscari botryoides 'Album'.

Noldes Farben: *Nigella hispanica* ***'Curiosität',*** *Tropaeolum minus* ***'Tip Top Gold',*** *Heliotropium arborescens* ***und*** *Tagetes tenuifolia, Capsicum annuum* ***...***

Der dritte wieder wendet sich ob solcher archaischer Unordnung mit Grausen und sieht sein persönliches Glanzstück in den militärisch aufgereihten Stiefmütterchen. Honi soit qui mal y pense – solange des Zeitgeists letzter Schrei, die Stiefmütterchenparade oder der ungezügelte Wildwuchs nicht zum allgemeingültigen Maßstab erhoben werden. Highlights sehen im Januar anders aus als im Juni, und sie können flüchtig oder dauerhaft sein.

Vieles an ihnen ist ohnehin Augenblickssache: der Lichtreflex am rechten Ort, die Stimmung, die sich mit der eigenen trifft, der Schmetterling über den Zinnien oder, viel öfter, endlich ein regenfreier Morgen, die Abwesenheit von Fön oder Islandtief und der hart erkämpfte Etappensieg über den Giersch. Ist vielleicht das der Kern aller Fähigkeit zum Gartenglück: diese Momente nicht zu verpassen?

Garantien nie, Hoffnung immer: Das Glück einladen

Ganz große Augenblicke sind also meistens ein Geschenk – aber sehr wohl eines, für das sich die bestmöglichen Voraussetzungen schaffen lassen. Es liegt in der Natur dieser lebendigen Sache, dass sich Garteneffekte nicht bis ins Letzte kalkulieren lassen: Ein einziger Regensommer kann alles zunichte machen, ein Hagel alles zerschlagen. Andererseits kann sorgfältig Vorbereitetes unter günstigen Umständen weit spektakulärer aufblühen, als es je zu vorauszusehen war. Garantien also gibt es nie, Siege und Niederlagen gleichermaßen oft, Hoffnung immer – und mit Bedacht einladen kann man sein ganz persönliches Glück allemal.

... und Papaver orientale, Salvia nemorosa 'Mainacht'.

Nicht jeder hat dazu den Park von Sissinghurst-Ausmaßen zur Verfügung, und nicht jeder hat unbegrenzte Mittel und ideales Klima. Gegen allerletzte Perfektion im grünen Revier sprechen ohnehin meist die Sachzwänge: So schön ein durchdachtes Bild in den letzten Modefarben auch ist, auf diesen einen aus dem Rahmen fallenden Favoriten möchte man doch nicht verzichten. Hier steht schon ein alter Strauch, da ist die Grenzbepflanzung reglementiert, dort brauchen die Kinder Platz. Die Zeit ist knapp bemessen, die Bandscheibe rät dringend von allzu pflegeintensiven, empfindlichen Pflanzungen ab, die Große Wegschnecke andererseits wäre unbedingt dafür ... und so weiter. Ist es dann nicht schon fast egal, was wo wächst?

Ist es mitnichten, selbst auf dem winzigsten Grundstück nicht. Es müssen nicht alle Gärten aussehen wie demselben Versandatalog entlehnt oder aus demselben Gartencenter zusammengekauft. Es ist so einfach, einen Unterschied zu machen und ein ganz persönliches Glanzlicht zu setzten. Oft genügt dazu schon geschickte Sortenwahl. Selbst leicht zu kultivierende, tausendmal gesehene Pflanzen haben wunderschöne, ungewöhnliche Variationen zu bieten.

Wo steht, dass Schneeglöckchen immer schmal, Tränendes Herz immer rosa, Enzian immer blau oder Lychnis immer magenta sein müssen? Wer schreibt vor, dass Tulpen bevorzugt in rot oder gelb aufzutreten haben, Narzissen vor allem als knallgelbe Osterglocken und Dahlien in schweren Spätsommerfarben? So viel Abwechslung ist möglich: Schneeglöckchen etwa gibt es in vielen wunderschönen Sorten, gefüllt und mit verschiedenen Grünzeichnungen an der eleganten Glocke – eines der vielen Highlights für den, der auch im Kleinen sehen kann. Die Variationen von Tulpen, Narzissen und Dahlien sind nahezu unüberschaubar, Tränendes Herz, Enzian, Lychnis und viele andere tragen auch Weiß. Schon dieser puristisch elegante Auftritt ist immer und überall unfehlbar wirkungsvoll, allein, Ton in Ton mit Silber oder als Kontrast. Er ist, mit kleinsten Mitteln, oft der Schritt vom Rustikalen ins Noble – und allemal ein faszinierendes Spiel mit dem scheinbar so Vertrauten.

Wunder und Variationen: Alles scheint möglich

Ein Highlight rundum ist auch Oenothera, die Nachtkerze: robust, wartungsfrei, selbstaussamend – vor allem aber von verblüffenden Fähigkeiten. Nachtkerzen sind Stars schlechthin, nie versagender Blickfang. Zum schönen Anblick können sie auch noch, ungewöhnlich genug für eine Pflanze, Action und Bewegung bieten. Nicht nur Kinder können vom allabendlichen großen Auftritt der sich öffnenden Blüten nie genug bekommen. Die spitze Knospe platzt, die großen, schimmernden, seidenknittrigen Blütenblätter entrollen sich im Zeitraffer in der Dämmerung: Botanik zum Zusehen und, buchstäblich, zum Anfassen – wieder eine der Phrasen, die im Garten wieder lebendig werden. Hier empfiehlt sich überdies Riechen: Wer sich einmal die Nase in ihrer pudrigen zitronengelben Mitte verfärbt und ihren frischen und süßen Sommerduft gespürt hat, der wird die Kerzen nie mehr missen wollen. Sogar eigens ihretwegen nachts aufzustehen lohnt sich, um eine weitere ihrer einzigartigen Fähigkeiten zu bewundern: Selbst wenn es derart dunkel ist, dass sonst nichts mehr zu erkennen ist, leuchten die Nachtkerzen weithin sichtbar, in fast geisterhafter, fluoreszierender Helligkeit. Wie sie das schaffen? Es wird vermutet, dass ihre Blütenfarbe einen Phosphoranteil enthält – eines der vielen Wunder direkt vor der Haustür ist es allemal. Schon gelbe Nachtkerzen sind also rundum spektakulär, doch zusätzlich gibt es auch noch Varianten. Ihre Blütenfarbe kann von einem leichten Pink- und Orange-Anhauch bis ins Weiße variieren. Zahlreiche Hybriden sind auf dem Markt, und besonders schön sind die blassweißen Blüten, Ton in Ton mit dem Mondlicht, zu dem sie gehören.

Nahezu jede Gartenpflanze gibt es heute in Vielfalt, und ständig entstehen neue Züchtungen. Ein Blick in die Kataloge von Spezialanbietern, deutschen wie ausländischen, bietet da ein überwältigendes Angebot: Rosen jeder erdenklichen Sorte, alte, neue und wilde, riesig rankende und zwergenkleine gleichermaßen, Clematis in überwältigender Fülle und Gestalt, unwiderstehlich sie alle, schier unübersehbare Staudenpracht – von den Einjährigen oder Zwiebelpflanzen erst gar nicht zu reden.

Kelche aus reinem Licht: Oenothera sulphurea-Hybride.

Weißer Schimmer: Gentiana sino-ornata 'Weißer Traum' ...

... und Echinacea purpurea 'White Lustre', Phlox paniculata 'Fujiyama', Veronica longifolia.

Ergänzend die botanischen Raritäten und Spezialitäten, etwa für Gewächshaus, Steingarten oder Teich. Neuzüchtungen oder Neuentdeckungen alter Sorten kommen ständig dazu, flüchtige Modetrends und, buchstäblich, Evergreens gleichermaßen. Die Vielfalt ist überwältigend, und glücklich die, die sie wirklich ausschöpfen können. Doch auch der Durchschnitts-Gärtner mit Durchschnitts-Mitteln findet hier das grüne Paradies. Dabei ist der (Garten-)Weg hier ein Ziel: Schon die Lektüre all der Kataloge, das Planen und Träumen sind zunächst wunderbarer winterlicher Ersatz für saisonal entfallende Freuden, vor allem die genüssliche Qual der Wahl: „Das ist nämlich das Leidige daran, wenn man ein besonders schönes und hervorstechendes Plätzchen im Garten hat", schrieb der berühmte britische Schriftsteller Beverley Nichols nach langer Erfahrung, „man will dauernd etwas damit anstellen. Während der langen Wintermonate, über Katalogen brütend, hatten mir die Beschreibungen aller Arten von Kletter-, Hänge- und Schlinggewächsen derart den Kopf verdreht, dass ich mir immer wieder vorstellte, wie schön sie sich um die Vasen herum ausnehmen müsste, wobei ich völlig vergaß, dass die Vasen schon längst nicht mehr zu sehen wären, wenn nur ein Teil davon aufging."

Alles scheint möglich, und wenn es das dann, nüchtern betrachtet, schließlich doch nicht ist – was tut's? Es genügen schon wenige aus dem Rahmen fallende Pflanzen oder Farben, geschickt placiert, und der eigene Garten ist nicht mehr wie all die anderen.

Solitär und Saisonarbeiter: Planung plus Improvisation

Die großen Hauptdarsteller sind der Blickfang der Gartenbühne und sollten deshalb besonders sorgfältig gewählt und behandelt werden. Oft sind sie schon vor dem Gärtner zur Stelle: Ein alter Baum etwa ist immer eine unübersehbare Persönlichkeit, spricht zu jeder Jahreszeit für sich und benötigt höchstens noch ein wenig Gesellschaft, um seinen prachtvollen Anblick zu unterstreichen. Viele derartige Solitäre, Ahorn und Magnolie etwa, lieben Raum und Distanz rund um ihre erhabene Erscheinung. Sie möchten optisch von den Nachbarn getrennt sein, ihre Masse braucht freien Raum als Gegengewicht. Grünes Gras unter ihnen macht, vor allem bei Bäumen mit roter Herbstfärbung den Blickfang perfekt. Im Frühjahr, vor dem Laubaustrieb, lieben und ermöglichen aber auch viele alte Bäume blühendes Leben zu ihren Füßen, zum Beispiel einen Teppich aus Zwiebelpflanzen und Frühjahrsblühern (siehe Seite 9). Obstbäume und Birken profitieren besonders zu dieser Zeit von Gesellschaft, die vor dem Blattaustrieb ihre malerische Rinde hervorhebt.

Schwieriger aufzumuntern sind da einige Sträucher, Alteingesessene wie ein Rhododendron zum Beispiel, der zwar im Spätfrühjahr mit Blütenfülle besticht, ansonsten aber unerschütterlich dunkelgrün, trübe und leicht steril aus den Blättern blickt. Mit ausgewählter Gesellschaft jedoch, etwa einem Band aus Funkien und Zierlauch, wird selbst er zum freundlichen Blickfang. Wer das Glück hat, seinen Haus- und Gartenbaum oder großen Strauch selbst wählen zu können, sollte dabei an eines denken: Blätter und erst recht Blüten sind vergänglich, Gestalt nicht. Vor allem die Statur des neuen Gastes muss also in den Garten passen, jetzt und in Zukunft. Blütenpracht oder besonders reizvolle Herbstfärbung sind da eher ein zusätzliches Geschenk – eines allerdings, das man beim Kauf sorgfältig einkalkulieren sollte. Warum kostbaren Platz verschenken, wenn schon eine einzige gut gewählte Pflanze alles bieten kann?

Neben diesen Glanzstücken, die die Atmosphäre eines Grundstücks vorgeben, gibt es die vergänglicheren Highlights, die rund ums Jahr und von Saison zu Saison immer wieder neu gesetzt werden können. Damit sind die Möglichkeiten unbegrenzt: Sommerblumen in unwiderstehlichen Flammenfarben etwa sind der Blickfang schlechthin und selbst bei trübem Wetter nicht zu übersehen, am wenigsten der Mohn. Auch wenn Mohnblüten nicht langlebig sind, so sind sie doch unverzichtbar. Wenigstens einige Tage mit diesen leidschaftlichen, glühenden Kelchen geben Gartenbilder, von denen man noch lange zehrt. Intensive Sonnenfarben haben auch viele andere Hoch- und Spätsommerblüher zu bieten, und wenn dazu noch ein auffallender, prächtiger Habitus kommt, wie etwa bei Königskerze oder Stockrose, sind sie automatisch der Mittelpunkt im Beet, um den sich alles andere gruppiert.

Ebenso reizvoll wie das Präsentieren einer individuellen Pflanzenpersönlichkeit ist auch das Spiel mit purer Farbe oder schöner Form: sowohl allein auf den Blattschmuck abgestimmte Pflanzungen als auch ganze Bänder und Flächen in Ton-in-Ton- oder Kontrastfarben können je nach Wunsch Ruhe und Harmonie oder Spannung und Gegensatz ins Gartenbild bringen. Die Kombinationen unterstützen dabei einen einzelnen Blickfang, wie der tiefblaue Salbei den roten Mohn (siehe Seite 11), oder wirken in der Fläche, wie in den Bändern von Tagetes und Heliotrop (siehe Seite 8). Flächige Farbspiele dieser Art gehören zu den sorgfältig kalkulierten, präzise gepflanzten und gut gepflegten Höhepunkten der Gartensaison. Hier sind exakte, auf den Standort abgestimmte Planung und Pflanzenauswahl alles. Das Ergebnis ist dann, so Hugo von Hofmannsthal, doch wieder individuell: „Nicht leicht wird sich die Farbe eines blühenden Beetes wiederholen, und ein schön blühender Strauch wird nirgends da und dort seinen Zwillingsbruder haben."

Höhepunkt und Abschied: Acer palmatum 'Osakazuki'.

Weit mehr Raum für Improvisation und Überraschung bieten da schon bunte Beetkombinationen, deren Gerüst zwar ebenso exakt und rund um die Jahreszeiten geplant werden sollte, in denen aber immer wieder Überraschungsgäste und Überraschungsmomente auftauchen können: Ein Sämling, der sich in anderer Farbe öffnet als geplant, ein Zufallsgast, der sich unversehens in Positur setzt, ein Nebendarsteller, der in einem verregneten Sommer die ausgefallenen Stars ersetzt. Ein Lob den Lästigen: Einige üppig selbstaussamende Pflanzen wie Lychnis oder Astrantie, vor allem aber Akeleien, haben eine geradezu phänomenale Fähigkeit, immer exakt da aufzutauchen, wo sie bis dahin gefehlt haben, um einem sorgfältig aufgebauten Bild mit charmanter Improvisation den letzten Pfiff, das letzte bisschen Leben zu verleihen. Das Ergebnis von kombinierter Gärtner- und Pflanzenanstrengung kann schließlich flüchtig sein wie die Mohnblüte oder dauerhafter wie ein Tagetesband. Unvergesslich ist es immer.

Feuer und Geheimnis: Trendfarbe Rot

Rot ist die Farbe von Feuer und Blut, von Leidenschaft und Liebe. Rot ist die Farbe des Lebens, unübersehbar, anziehend und kraftvoll, aber auch bedrängend und irritierend. Rot ist positiv wie negativ gleich mächtig besetzt – und Rot ist, wieder einmal, Trend im Garten. Kein ganz neuer: Die intensive Farbe gehört seit dem Anfang aller Gartenkultur zu den Favoriten: seit Eva der Verlockung des biblischen Granatapfels erlag und die Menschheit damit des Paradiesgartens beraubte. Rot bietet sämtliche Schattierungen: vom hellen, temperamentvollen Zinnober des Mohns über die sinnlichen, satten Farben der klassischen roten Rosen bis hin zu den geheimnisvoll tiefen, schwärzlichen Tönen dunkler Stockrosen. Es steht nicht nur für Hochsommerfülle und Herbstfeuer, sondern auch für die Kombination von Liebe und Leid, für verdeckte Melancholie und betörenden Zauber, wie in Joseph von Eichendorffs Gedicht „Der alte Garten“:

„Kaiserkron und Päonien rot,
Die müssen verzaubert sein,
Denn Vater und Mutter sind lange tot,
Was blühn sie hier so allein?“

Diese uralte Lieblingsfarbe jedoch war in letzter Zeit außerhalb von Bauerngärten eher verpönt als geschätzt. Zu sehr weckte sie Erinnerungen an Fünfziger- und Sechzigerjahre-Spießigkeit, an penibel und gnadenlos gestutzte Rabatten wie geklont aussehender Polyantharosen, an Nylon und Begonie. Doch langfristig kann nichts, erst recht kein zeitgeistiges Verdikt, Rot aus der Gunst verbannen. Die lange Auszeit hat die starke Farbe nur stärker gemacht: Soviel Rot war nie, so viele attraktive Pflanzen in diesem Spektrum hat es noch nie gegeben. Gärtner können sich wieder zum Farbenrausch ohne Reue hinreißen lassen, Maler haben es ohnehin immer getan und das sinnliche Leuchten der Blumen geliebt. Emil Nolde etwa, dessen Mohnbilder legendär sind: Sie scheinen fast ebenso sehr zu glühen wie ihre lebenden Vorbilder. Kein Wunder, ging es hier doch weniger um Kunst als um pure Leidenschaft: „Die blühenden Farben der Blumen und die Reinheit dieser Farben, ich liebte sie“, schrieb Nolde in seinen Erinnerungen. „Ich liebte die Blumen in ihrem Schicksal: Emporsprießend, blühend, leuchtend, glühend, beglückend, sich neigend, verwelkend, verworfen, in der Grube endend ...“

Flammender Fächer: Crocosmia.

Sommerfeuer: Papaver orientale ...

... und Papaver nudicaule.

Keine Blütenfarbe ist mächtiger als Rot, und in keiner vollzieht sich dieses Schicksal derart unübersehbar und in derart expressionistischen Bildern. Schon darum ist es die perfekte Ergänzung zur Sommersonne, und Arrangements in diesen extremen Tönen scheinen vor Lebensfreude fast aus dem Beet zu springen. Doch genau dieser ungehemmten optischen Explosivität wegen ist Rot ebenso eine Farbe, die mit Umsicht gebraucht sein will. Mehr davon bedeutet hier mitnichten bessere Wirkung, und reichlich Rotes, achtlos zusammengesetzt, erzeugt keinesfalls automatisch Lebensfreude und Heiterkeit. Es hat stattdessen dieselbe Wirkung wie eine endlose Reihe signalfarbener Verkehrsschilder am Straßenrand: Gereiztheit und Verdruss. Zuviel Rot verkleinert, erdrückt subtilere Reize und schafft schließlich Aggressivität und massives Unbehagen statt sinnlichen Vergnügens. Mit Bedacht als Farbtupfer in Kombinationen eingesetzt ist es dagegen unwiderstehlich – heute wie seit Jahrtausenden.

Zwischen Highlight und Horror: Das Spiel mit dem Unkonventionellen

Dabei muss es nicht immer harmonisch zugehen. Auch die Nachbarschaft von Farben, die sich eigentlich beißen müssten, etwa Rot und Magenta, oder das Vis-à-vis mit schrillem Orange oder sanften Lachstönen sind unerwartet reizvoll – müssen aber, wenn sie glücken sollen, mit noch mehr Geschick inszeniert werden. Der Grat zwischen Highlight und Horror ist hier deutlich schmaler als bei den sanfteren Kombinationen. Wer Spaß daran hat, auf ihm zu wandeln, und einmal dem Spiel mit dem Unkonventionellen verfallen ist, wird es nicht mehr lassen können, immer neue, feurige, waghalsige Zusammenstellungen zu erproben. Beverley Nichols liebte die Grenzgänge seiner Geranien: „Meine Geranien müssen kämpfen, ihre Farbgegensätze müssen hart aufeinanderprallen, sie müssen ihre blütenblättrigen Argumente in ewigen Debatten austragen, und damit das geschieht, müssen alle Arten Rot vertreten sein,

Vis-à-vis in unkonventionellen Tönen: Echinacea purpurea ...

... und Tulipa 'Salmon Jewel', Azalea japonica.

Temperamentvoller Sommerausklang: Rudbeckia hirta 'Herbstwald' ...

... und Hemerocallis-Hybride 'Top Priority', Veronica longifolia 'Lila Carina'.

Scharlachrot muss gegen Magenta stehen, Kirschrot mit Ziegelrot streiten, Karmin mit Rotbraun." Wenn etwas danebengeht, ist es auch kein Problem: Töpfe kann man umstellen, im eigenen Garten ist ohnehin erlaubt, was gefällt – und es gibt immer eine nächste Saison, neue, unbegrenzte Möglichkeiten.

Sicherer in der Kombination und unfehlbar attraktiv sind dagegen die ganz tiefen, ins Schwärzliche gehenden Rottöne, mit denen in den letzten Jahren vor allem viele Blattpflanzen, etwa Canna, Buntnesseln oder einige Ziergräser (siehe Seite 34/35) bestechen. Ihnen fehlt der schrille Unterton, der helleres Rot so leicht zuviel des Guten werden lässt, und ihre schimmernde Dunkelheit spricht von Tiefe, Geheimnis und gebändigter Melancholie. Sie sind schon für sich überaus anziehend, dazu perfekte Partner zu allen Grüntönen, die ohnehin ihre Komplementärfarben sind, und ebenso perfekter Blickfang und Kontrapunkt in hellen Arrangements. Johann Wolfgang von Goethe, Dichter und Gärtner gleichermaßen, erklärte den unwiderstehlichen Reiz von Hell-Dunkel-Kombinationen so: „Wie dem Auge das Dunkle geboten wird, so fordert es das Helle; es fordert Dunkel, wenn man ihm Hell entgegenbringt, und zeigt eben dadurch seine Lebendigkeit, sein Recht, das Objekt zu fassen, indem es etwas, das dem Objekt entgegengesetzt ist, aus sich selbst hervorbringt."

Ob nun frei nach Goethe oder ganz nach eigenem Gutdünken, ob Nolde-üppig oder gezügelt tiefdunkel, ob als fröhliche Tulpen im Frühjahr, flammender Ahorn im Herbst oder leuchtende Beeren im Winter – Rot ist immer und zu jeder Jahreszeit eine Gartensünde wert!

Passende Besetzung: Auf den Standort kommt es an

Doch die herrlichsten Farben, das beste Drehbuch und die schönste Bühne sind nutzlos, wenn die Darsteller streiken und das Publikum murrt. Mag der Garten-Entwurf auch, vom Auftakt mit Christrosen über die Rhododendronblüte bis hin zu Abschied und Neubeginn mit der Zaubernuss, noch so effektvoll angelegt sein: Wer auf die Idee kommt, diese Christrosen auf sauren Boden zu setzen, den Rhododendron auf alkalischen, trockenen Lehm oder die Zaubernuss in gnadenlosen Tiefschatten, der erlebt allenfalls Tragödien, die nur die Schädlinge entspannt genießen können. Alle anderen wenden sich mit Grausen, und was bleibt, ist nur der lange Abschied. Die Gesundheit der Hauptdarsteller geht immer vor die Dramaturgie – oder vielmehr: Jede Dramaturgie muss zuerst von ihr ausgehen. Pflanzen sind keine beliebig verschiebbaren und zuverlässig funktionierenden Designerstücke. Sie haben teils ausgeprägte Ansprüche und Abneigungen. Nur wer sich danach richtet, wer sie gezielt einsetzt und ihnen möglichst entgegenkommt, wird auf die Dauer Erfolg haben, wie schon Gärtner Goethe erkannte: „Die Pflanze gleicht den eigensinnigen Menschen, von denen man alles erhalten kann, wenn man sie nach ihrer Art behandelt."

Es gibt da nur einen entscheidenden Unterschied: Der eigensinnige Mensch kann sich verweigern und gehen, die fehlplacierte Pflanze kann das nicht. Sie ist Geisel in den Händen auch unfähiger Regisseure und schlechter Gastgeber. Sie kümmert oder stirbt, und das schlimmstenfalls über Jahre. Leider tut sie das stumm. Eine Ansammlung achtlos zusammengeraffter, wortwörtlich dahinvegetierender Jammergestalten ist so ziemlich das Kläglichste und Deprimierendste, was ein Garten überhaupt bieten kann. Ein Musterbeispiel, wohin Gartenmoden ohne Rücksicht auf die Hauptbeteiligten führen können, war der Palmen-Kult der letzten Jahrhundertwende. Wer, vor allem in Wien, auf sich hielt, hielt Palme, und den sensiblen Gärtner und Dichter Hofmannsthal brachte das hoch auf dieselbe: „Denn sie sind so entsetzlich und unheilbar heimatlos bei uns, dass sie einen ganzen Garten traurig und hässlich machen, wenn auch nur ihrer zwei oder drei darin herumstehen. Es gehört eine besondere Stumpfheit dazu, um nicht zu fühlen, dass alles an ihnen, die Nuance ihres Grüns, das Gewebe ihrer Wedel, ihr ganzes Dastehen, in den lautesten Tönen gegen die Umgebung schreit, gegen den Rasen, aus dem sie nicht hervorgewachsen sind, gegen die Büsche und Bäume, mit denen sie nichts gemein haben, gegen das Licht, das ihnen zu wenig stark ist, in dem sie nicht flirren und schwimmen, ja gegen die Luft selbst, die sie hassen."

Muster, lebhaft und dezent: Dahlia 'Anatol' ...

... und Tulipa 'Murillo Salmon'.

Zartes Spiel mit Helligkeit: Dianthus flavus 'Bartow Sam'.

Sanfte Begleiter: Achillea millefolium 'Lilac Beauty'.

Schönheit en detail: Helleborus orientalis.

Botanische Gruselszenarien dieser Art lassen sich jedoch von vornherein vermeiden, wenn man immer den wichtigsten Punkt in der gesamten Garten-Inszenierung im Auge behält: die richtige Pflanze für den richtigen Platz zu wählen. Sind die Kulissen, die Standortbedingungen, vorgegeben, sind es die Darsteller damit in einem gewissen Rahmen auch. Dennoch bleibt Auswahl genug: Für jede Rolle gibt es die passende Besetzung. An schwierigeren Plätzen sind die Möglichkeiten naturgemäß beschränkt, doch selbst sie sind nicht ganz hoffnungslos und müssen nicht zwangsläufig als öde Wüstenei enden. Pflanzen gibt es für jeden Boden, jede Jahreszeit und jede Gelegenheit, und notfalls springt immer ein schöner Kübel ein. Der ist ohnehin jederzeit eine gute Alternative, ermöglicht er doch Standort-Experimente auch noch mit größeren Gewächsen, ohne gleich das Wohlergehen seiner Bewohner in Gefahr zu bringen: Reagieren sie verstimmt, stellt man sie einfach um. Kommen sie klar, kann man ans Auspflanzen denken.

Nicht nach Schema F: Probieren und studieren

Denn, glücklicherweise: Es geht um Lebewesen, und Lebewesen funktionieren nicht nach Schema F. Erstaunlich viele Pflanzen, darunter exquisite Schmuckstücke, sind erstaunlich robust und anpassungsfähig. Sie können große Abweichungen von Idealstandort tolerieren und trotzdem gedeihen. Regeln gibt es für derartige Grenzgänge allerdings nicht. Es ist, wie das meiste im Garten, letztlich ein Fall von „Probieren geht über Studieren“ – vor allem dann, wenn man beim Probieren studiert. Das heißt: wenn man im Zweifelsfall die Grenzen sachte verschiebt und dabei neben den Reaktionen der Pflanzen alle Gegebenheiten des eigenen Gartens, vor allem Boden und Mikroklima, immer besser kennenlernt. Kein vernünftiger Gärtner wird also je zum kollektiven Exoten-Foltern à la Hofmannsthals Fin-de-siecle-Wien aufrufen – aber mit ein bisschen Experiment und Augenmaß ist vieles möglich, was in keinem Lehrbuch steht.

Duft und Leben: Flüchtige Reize und unentbehrliche Mitbewohner

Doch selbst ein sorgfältig geplanter und gepflegter Garten, optisch der Perfektion nahe, wäre immer noch unvollständig ohne die letzten, flüchtigen Reize, ohne die Highlights, die auf Fotos bestenfalls zu ahnen sind. Das sind, natürlich, in erster Linie die Gerüche, all die süßen und herben Blumen- und Kräuterdüfte in jeder erdenklichen Kombination, die zusammen das ergeben, was seit jeher als „Seele des Gartens“ besungen wird: Das Aroma von frisch geschnittenem Gras oder nassen Rosen zum Beispiel gehört zu diesem Odeur, der Pilzduft von Herbstlaub und Kompost – aber ebenso ein Hauch vom plötzlichen durchdringenden Aasgestank der Stinkmorchel, die sich, aller Verfolgung zum Trotz, mal wieder unter die Hecke geschmuggelt hat. Stinkmorcheln werden sich natürlich höchstens besonders unerschrockene Botaniker freiwillig zuziehen, eine Auswahl all der anderen Düfte aber ist schlicht unentbehrlich. Ohne sie kein Leben.

Noch weniger lebendig wäre der Garten ohne all die stillen und weniger stillen Mitbewohner: ohne die Tiere, in deren Abwesenheit jede Anlage bestenfalls eine sterile Pflanzenausstellung, schlimmstenfalls eine tote Wüste wäre. Die unerwünschten von ihnen sind ohnehin zuverlässig zur Stelle, selbst wenn (oder gerade weil!) der Gärtner chemisch Daueramok läuft. Da ist es weitaus klüger und vor allem rundum erfreulicher, sich ein wenig zu entspannen und die erwünschten Gäste dafür um so gezielter einzuladen. Wer auch nur einmal gesehen hat, welche erstaunlichen Mengen an Blattläusen auch nur ein einziges Blaumeisenpaar von den Rosen sammelt und an auch nur eine einzige Brut verfüttert, der wird nie wieder einen Garten ohne eine reichliche Auswahl von Nistkästen anlegen. Statt die Rosen mit Insektiziden zu spritzen, kann man dann nämlich ebenso gut einfach ein paar Bambusstäbe mehr gezielt in die Sträucher stecken, damit die Vögel jede Knospe erreichen und absammeln können.

Buntes Ende, heller Neubeginn: Parrotia persica ...

... und Hamamelis × intermedia 'Arnold Promise'.

Elegant und rätselhaft: Calla 'Mango', Canna 'Tropicana'.

Um ein vielfältiges und faszinierendes Tierleben zu beherbergen, muss ein Garten keinesfalls völlig nach der reinen Öko-Lehre angelegt sein, muss sich niemand des Vergnügens an fremdländischen Pflanzen oder einer gepflegten Anlage enthalten. Die Mischung macht's, und hier wieder einmal vor allem die geschickte und standortangepasste Pflanzenauswahl. Einige ausgewählte Wildpflanzen oder sonstige Insektenfavoriten, etwa Nachtkerzen, Wegwarte oder ungefüllte Zinnien, machen ganze ansonsten sterile Rabatten für Tiere attraktiv und damit rundum lebendig. Derartige Pflanzen lassen sich in wirklich jedes Arrangement integrieren, Auswahl gibt es auch hier wieder genug. Ebenso bereichern und beleben schon nur wenige Schutz bietende, früchtetragende Sträucher, etwa Heckenrose statt Thuja, den gesamten Garten.

Diese Anziehungspunkte lassen sich mit ein wenig Umsicht und Rücksicht zu einem ganzen Revier für Lebewesen jeder Art verbinden. Wichtig ist da Schöner Wohnen nach Gärtnerart: neben Unterschlupf für Vögel und Insekten mindestens ein, und sei es nur kleiner, Ast- und Reisighaufen. Platz findet sich überall, in eher formalen Anlagen notfalls hinter oder unter einem Strauch versteckt, sonst dezent im Hintergrund. Mit Efeu durch- und überwachsen, von einer großblättrigen Pflanze überwölbt oder von einigen schönen großen Steinen begleitet wird er sogar optisch präsentabel. Während das Holz langsam verrottet, bildet es ein ideales Hauptquartier für so ziemlich alles vom Insekt bis zum Igel, von der Spitzmaus bis zu Grasfrosch und Kröte, von Zaunkönig, Rotkehlchen und anderen Vögeln ganz zu schweigen. Auch eine noch so kleine Wasserstelle, notfalls nur eine schöne Schale, bringt immer Leben in den Garten.

Roter Adel: Imperata cylindrica 'Red Baron'.

Perfekter Moment: Pfauenauge auf Aster novi-belgii.

Weitere Wunder kann schon ein minimales Zügeln des gärtnerischen Ordnungssinns bewirken: Ein wenig mehr Dickicht bedeutet schon deutlich mehr Schutz, und um Vögel und Insekten mit Nahrung zu versorgen, müssen es, siehe oben, nicht unbedingt streng nur einheimische Wildpflanzen sein. Auch die Samenstände vieler Kultursorten, darunter Hornveilchen, Gartenstiefmütterchen, Mohn, Ringelblume und viele mehr sind ein ideales Aufzuchtfutter für junge Singvögel und Leckerbissen für Erwachsene – wenn man sie denn wenigstens ein bisschen länger stehen lässt. Reife Grasrispen, etwa vom Rand des Rasens, sind da ähnlich begehrt. Vogelfavorit Nr. 1 allerdings, der Löwenzahn, ist nicht unbedingt auch Gärtners bester Freund. Ihn aber an Stellen, wo er nicht allzusehr stört, für die Vögel stehen zu lassen, kann sich auf lange Sicht als sehr einträgliches Tauschgeschäft erweisen: Die meisten der einheimischen Körnerfresser, die vor allem auf die milchreifen Löwenzahnsamen versessen sind, benötigen reichlich Eiweiß für ihre Brut – und am liebsten nehmen sie da Blattläuse en masse. Wer zusätzlich zu all diesem Service noch Platz für einige Schmetterlings- und Insektenfavoriten, bestenfalls sogar für Raupen-Futterpflanzen findet, der wird, egal ob auf dem Land oder in der Innenstadt, garantiert mit einer Fülle zusätzlicher und oft unerwarteter Highlights belohnt werden.

„... dass es ein lohnender Einfall war, auf die Welt zu kommen."

Und wenn dann schließlich der Garten mit Liebe und Umsicht angelegt ist, wenn die geplanten Anschaffungen ebenso integriert sind wie die unvermeidlichen grünen Spontankäufe, wenn alles wächst und sich entwickelt und wenn dabei jene kleinen und großen Glücksmomente winken, die das Gärtnern und Garten-Genießen immer wieder und ein Leben lang so faszinierend machen – dann, ja dann bleibt nur noch eines: sich an den unvergesslichen Momenten, an den wahren Highlights, so intensiv zu freuen, wie es Beverley Nichols an seinen schließlich bepflanzten Vasen tat: „Meiner Ansicht nach sind sie am schönsten an Sommerabenden, wenn die Clematis 'Jackmanii' (die zwar ‚gewöhnlich' sein mag, aber einfach herrlich aussieht) sich mit ihren dunkelvioletten Blüten an den Säulen hinaufrankt und sich mit dem viktorianischen Blassrosa der ‚Apfelblüten'-Geranien vermengt, die in den Keramiken stehen. Es ist eine bezaubernde Farbenehe, eine Art blumiger Liebesgeschichte; und wenn man den Weg entlangkommt, so dass dieses zarte Duo gegen den Hintergrund der Blutbuche aufleuchtet, so merkt man erst, wie lebenswert das Leben sein kann und dass es ein lohnender Einfall war, auf die Welt zu kommen."

Sommerstimmung, gekonnt inszeniert: Rudbeckia fulgida, Aster novi-belgii 'Gayborder Splendour', Betula albosinensis var. septentrionalis.

Leichter Charme in tricolor: Einfache späte Tulpe 'Sorbet'.

Kleiner Frühlingsflirt: Papageientulpen.

Dramatisches Finale: Doppelte frühe Tulpe 'Murillo Lilac'.

Pflanzen-Highlights: Die im Lichte und die im Schatten

Die im Lichte: Pflanzen für sonnige Standorte

Tulpe (Tulipa)
Gattung: Liliacae, variantenreiche Zwiebelpflanze
Blütezeit: März–Mai
Höhe: zwischen 10 und 60 cm, robust

„Von der Tulpe wird man nicht enttäuscht. In ihrer Geschichte schlummern mehr Rätsel, Dramen, Ausweglosigkeiten, Katastrophen und Triumphe, als ein betörter Liebhaber wohl erwarten könnte." Die britische Autorin Anna Parvod bringt es auf den Punkt: Die Tulpe ist nicht nur die Frühlings-Gartenpflanze schlechthin, sondern ein Mythos im Beet. Ihre schimmernden Kelche bringen das erste leuchtende Rot der Saison in den Garten, und niemand trägt diese lebendigste aller Farben im Frühjahr verführerischer als sie. Soviel Charme hatte Folgen: Keine Zwiebelpflanze hat eine derart bewegte Geschichte, keine hat so viele Menschen um Verstand und Vermögen gebracht wie die Tulpe. Schon in ihrer orientalischen Heimat wurde sie verehrt und geliebt wie kaum eine andere Blume. Als die sagenhafte „lis rouge", die rote Lilie des Morgenlandes, Mitte des 16. Jahrhunderts endlich nach Europa kam, war sie dort erst eine Sensation, dann ein Wirtschaftsfaktor – und schließlich derart populär, dass es in einem alten deutschen Gartenbuch schlicht heißt: „Die Tulpen sind so bekannt und beliebt, dass ich sie niemandem mehr zu beschreiben brauche."

Die mittlerweile gut viereinhalb Jahrhunderte europäischer Tulpengeschichte begannen mit Carolus Clusius, dem berühmten flämischen Botaniker. Der kosmopolitische Gelehrte stattete quasi im Alleingang die bis dahin vergleichsweise spartanischen europäischen Gärten mit sinnlicher Schönheit aus: Er war es, der unter anderem Kaiserkrone, Iris, Hyazinthe, Anemone, Ranunkel, Narzisse, Lilie bei uns bekannt machte – und vor allem natürlich die Tulpe. Als Leiter der kaiserlichen Gärten in Wien kultivierte Clusius erstmals Tulpenzwiebeln, die ein Habsburger Gesandter 1554 vom Hofe Sulimans des Prächtigen aus Konstantinopel mitbrachte. 1593, als der Botaniker an die Universität Leiden berufen wurde, nahm er seine Tulpensammlung mit und löste damit in den Niederlanden das „Tulpenfieber" aus.

Das tat er alles andere als freiwillig: Clusius hütete seine unverkäuflichen Raritäten eifersüchtig, doch offenbar nicht sorgfältig genug. Die kostbaren Zwiebeln wurden schon im ersten Winter schlicht geklaut. Clusius hörte daraufhin auf, Tulpen zu züchten, die Diebe taten, glücklicherweise, genau das Gegenteil: Sie vermehrten und verbreiteten die kostbare Beute, so schnell es ging. Als dann auch noch, unberechenbar und aus damals unerklärlichen Gründen, spontan malerisch geflammte Tulpen aufblühten, explodierten die Preise. Es folgte die „Tulipomanie", der irrationale Spekulationsrausch, der von 1634–37 die Niederlande erschütterte. Das absolutistische Frankreich hatte es um 1610 schon vorgemacht: Dort war für nur eine einzige Zwiebel eine gut gehende Brauerei geboten worden, und Tulpenblüten waren zeitweise ein kostspieligerer Schmuck als Juwelen. Der Rausch um die Tulpe war kurz, ihre Karriere lang: Heute ist das einstige Prestigeobjekt der Adligen und Reichen demokratisch, und noch immer ist Tulpenzucht ein bedeutender Wirtschaftszweig der Niederlande.

Der Triumph der Tulpe jedoch war nicht immer zu ihrem Vorteil. Auf dem langen Weg vom Gebirge ins Gartencenter, von Steppe zum Stadtpark, sind ihr ein großer Teil ihres Charmes und ihrer betörenden Sinnlichkeit abhanden gekommen. Zu aufgebläht, zu bunt, zu grell sind viele der riesigen Hybriden, zu plump die einstigen Grazien geworden. Keine Pflanze mit Geheimnis mehr, nur noch ein greller Farbklecks im Vorgarten. Viele Tulpen sind Massenware, billig, zum Wegwerfartikel degeneriert – ein klägliches Schicksal für die Wappenblume morgenländischer Herrscher.

Doch Tulpen enttäuschen auch deshalb nie, weil ihre Variationsbreite so groß ist. Das ist vielleicht ihr größter Vorzug: Es gibt ebenso viele Tulpen wie Gärtner und Gartentypen. So finden sich neben den tassengroßen Monstrositäten immer auch noch die, die ahnen lassen, warum die Tulpe einst so hochverehrt und kostbar war. Da sind zahlreiche Wildarten und viele der alten Sorten, da gibt es die fröhlichen, robusten, bunten ebenso wie die zurückhaltenden, anmutigen, deren ganzer Reiz sich erst auf den zweiten Blick erschließt. Es gibt auffällige und dezente Tulpentypen, strenge und verspielte, große und winzige, früh- und spätblühende, und natürlich muss ihre Farbe nicht immer rot oder gelb sein: Das Spektrum reicht von weiß bis schwarzviolett, von geflammt bis apart mit grünen Akzenten abgesetzt.

Für einen Star mit derart legendenumwobener Vergangenheit ist die Tulpe erstaunlich bescheiden. Für ihren großen Auftritt verlangt sie wenig, das aber unbedingt: Sonne und Schutz vor Staunässe. Da gibt es kaum Konzessionen: Im Schatten leidet die Blüte, in dauernder Nässe stirbt die Zwiebel. Tulpenzwiebeln sind zwar mit einer dicken Außenhaut vergleichsweise gut geschützt und daher lagerfähig, verpilzen und verfaulen bei Nässe aber schnell. Am besten gedeihen sie in durchlässigem, nährstoffreichem Grund in voller Sonne und möglichst geschützt gegen Wind. Standortwechsel nach einigen Jahren ist von Vorteil, um Infektionen zu entgehen. Dass sie auch in Topf, Kasten und Kübel eine blendende Figur macht, versteht sich bei einer derart vielseitigen Schönheit von selbst.

Die Wandlungsfähigkeit der Tulpen, ihre Neigung zu spontanen Mutationen macht sie nicht nur zum Gartenliebling, sondern auch zum idealen Objekt für Züchter. Das Resultat von deren Fleiß wird heute in 15 Klassen eingeteilt. Es gibt viele ungewöhnliche, faszinierende Sorten darunter, und jedes Jahr kommen mehr auf den Markt. Auch die geflammten Tulpen, die einst einen halben Kontinent in den Wahnsinn trieben, sind immer noch darunter. Das jahrhundertealte Rätsel um sie ist mittlerweile gelöst: Ein von Blattläusen übertragenes Virus verursachte die begehrte Zeichnung. Inzwischen jedoch tragen auch gesunde Tulpen gemusterte Blüten. Zu den ältesten Mutationen gehören die stämmigen, untersetzten Papageientulpen mit ihren gerüschten Blütenblättern und allen Farbkombinationen von edlem Schwarzviolett bis hin zu exzessivem Bunt. Einen Kontrast dazu bilden Sorten wie die einfache, frühe „Sorbet“, minimalistisch edel in der Form und frühlingshaft leicht in der Farbe. Außerdem sind da Gefüllte, die aussehen wie ein verwegener Künstlertraum, oder die Lilienblütigen, die zwar zu den Größten gehören, doch mit ihren schmalen, noblen Blüten am meisten von allen Gartensorten die ursprüngliche Eleganz der Wildpflanze spiegeln. Sie haben nichts von der fast aufdringlichen Fröhlichkeit der rustikaleren Sorten: Schon eine kleine Gruppe, hochgewachsen, schlank und exquisit geformt, umgibt immer eine Aura aristokratischer, reservierter Noblesse. Die hindert sie jedoch keinesfalls daran, sich harmonisch auch in naturnahe Pflanzungen einzufügen. Lilienblütige Tulpen brauchen besonders viel Windschutz, weil ihre schweren Köpfe leicht vom hohen Stängel knicken, vor allem bei Regenwetter.

Dreimal flammender Frühling: Lilienblütige Tulpe 'Mona Lisa'.

Triumph-Tulpe 'Linda de Mol'.

Gefranste Tulpe 'Davenport'.

Fransige Rarität: Pulsatilla vulgaris 'Papageno'.

Das klassische Modell: Pulsatilla vulgaris.

Küchenschelle, Kuhschelle (Pulsatilla vulgaris)
Gattung: Ranunculaceae
Blütezeit: März–April, Gruppen bildende, Laub abwerfende Staude für trockene, kalkige Standorte
Höhe: 10–20 cm, erfordert im Garten spezielle Standorte

Küchenschellen haben nichts mit der Küche zu tun – und das ist auch besser so. Sie sind giftig und höchstens als Arznei mit Vorsicht zu genießen. Ihr Name ist aus „Kühchenschelle“ entstanden, einer Verniedlichung des älteren „Kuhschelle“. Sie sind Hahnenfußgewächse, nahe Verwandte von Anemone und Leberblümchen, sozusagen für rauhere Standorte gekleidet. Diese Pflanze, beheimatet auf bergigen Kalktriften, ist eine originelle Mischung aus Pragmatismus und Prachtliebe: Beschränkt sie sich bei ihrer oberirdischen Ausstattung auf das Nötigste, einen kurzen Stängel und einen unscheinbaren Hochblattquirl, um Frostschäden zu entgehen, so ist die Blüte um so spektakulärer: scheinbar viel zu groß für die frühe Jahreszeit und von einem strahlenden, prunkvollen Violett, akzentuiert durch einen leuchtend gelben Fruchtknoten. Die Hochblätter schützen das Prachtstück zunächst so gut, dass die geschlossene Küchenschelle im abgestorbenen Wintergras nahezu unsichtbar ist. Öffnet sich die Blüte aber, leuchtet sie weithin und ist für Insekten wie für Gärtner gleich unwiderstehlich – nur haben es letztere deutlich schwerer mit ihr. Was sie im Freileben so besonders gut an ihren Standort anpasst, macht sie im Garten heikel: ihr mächtiger, fingerdicker braunschwarzer Wurzelstock, der bis zu einem halben Meter in den Boden reicht und ihr selbst in trockensten Zeiten noch ein wenig Feuchtigkeit sichert. Kann sie den im Garten nicht in Ruhe ausbilden, stirbt sie ab. Steht sie zu feucht, zu schattig oder bekommt nicht genug Kalk, ebenso. Unter ungünstigen Bedingungen kümmert die Küchenschelle nicht lange vor sich hin. Sie geht umgehend ein. So ist sie in vielen Lagen eher ein Fall für Steingarten oder Alpinbeete, aber die Aufmerksamkeit, die sie verlangt, lohnt sich doppelt: Nach der Blüte ist auch der große, fedrige Fruchtstand sehr dekorativ.

Lichtdurchflutet: Samenstand von Pulsatilla vulgaris.

Zwei zarte Katzengesichter: Viola Hybride ‘Ultima Morpho’ ...

... und Viola cornuta 'Sorbet Violett'.

Hornveilchen (Viola-Cornuta-Hybriden) Seite 45
Gattung: Violaceae, Staude
Höhe: 10–25 cm
Blütezeit: März–Juni, mit Zweitblüte im Herbst, robust

Hornveilchen sind Frühlingsgefühle zum Mitnehmen. Die graziösen, eleganten Verwandten der armen, aufgeblähten Riesenstiefmütterchen verbinden zarten Wildpflanzencharme mit einer Farbpalette, die winterlich entzugsgeplage Gärtner in schiere Euphorie versetzen kann. Dazu kommt, dass viele, besonders die kleinsten, dunkelblauen, so intensiv duften, dass ein Topf mit ihnen Frühlingsstimmung selbst auf den winzigsten Balkon zaubert. Hornveilchen stammen ursprünglich aus Spanien und den Pyrenäen, haben sich aber auch über einen großen Teil der USA wild verbreitet. Dort heißen sie, ihrer Neigung blitzschnell und unverhofft überall aufzutauchen wegen, „Johnny-Jump-Up". Ein Name, so unwiderstehlich wie die zierlichen Katzengesichter. Hornveilchen für Beetränder und ganz besonders für schöne Töpfe zu kaufen, ist ein wenig wie malen: Zur Auswahl und Kombination stehen herrliche Blautöne von ganz hell bis ganz dunkel, dazu rotbraun, mattes Grauviolett, Weiß oder die ganze fröhliche Gelb-, Orange- und Apricot-Skala. Inzwischen bieten auch die Samenzüchter ein großes Sortiment, darunter auch viele Farben und -kombinationen, die nicht im nächsten Gartencenter zu kaufen sind, etwa verschiedene Purpurtöne. Hornveilchen sind hitzeempfindlich und schätzen helle, aber eher kühle Standorte. Anspruchslos und attraktiv wie sie sind, haben sie einen Nachteil: Bei Regenwetter ziehen sie, genau wie Stiefmütterchen,

Tipp: Nicht nur Menschen mögen Hornveilchen. Ihre Samen sind auch ein begehrtes Futter für Singvögel.

Schnecken magnetisch an, und die schleimige Invasion abzusammeln gehört nicht unbedingt zu den schönsten aller Frühlingsfreuden. Im Topf sind sie besser zu schützen als im Beet.

Maiglöckchen (Convallaria majalis)
Gattung: Liliacae, kriechende Rhizomstaude, giftig
Höhe: 30 cm, im Garten problemlos
Blütezeit: Mai

Wenn es so etwas gibt wie den ganzen Lenz auf einem zarten Stiel, dann ist es das Maiglöckchen: strahlend in der hellsten aller Farben und mit seinem betörend sinnlichen Duft Inbegriff des kurzen Ausnahmezustands namens Frühling. Nicht umsonst war Convallaria majalis heidnischen Frühjahrsgöttern ebenso geweiht wie der Jungfrau Maria, nicht umsonst besetzt das zierliche Liliengewächs den unangefochtenen Spitzenplatz in Frühjahrsmystik und -brauchtum. Es war das Maiglöckchen, das die Lilien-unkundigen Europäer jahrhundertelang für die „Lilie der Täler" aus dem biblischen Hohelied Salomos, dem berühmtesten Liebesgedicht der Weltliteratur, hielten. Das brachte ihm neben den englischen Namen „Lily of the Valley" auch den legendären Ruf als Liebesbote ein.

Dabei ist die mit ihren sanft gebeugten Glöckchen so sittsam und niedlich wirkende Pflanze im wahren Leben eher abweisend: Insekten müssen sich mit dem legendären Odeur begnügen, zusätzlichen Honig bietet das Maiglöckchen nicht. Wer mehr von ihm will als einen betörenden Atemzug Duft, der sollte sich ohnehin besser vorsehen: Auch auf der Hitliste der Giftpflanzen rangiert die weiße Unschuld aus dem Walde recht weit vorne. Ein Gesichtspunkt, den man im Garten durchaus berücksichtigen muss, denn auch Kinder finden Maiglöckchen unwiderstehlich, besonders ihre roten Beeren später im Jahr. Es gibt inzwischen blassrosa Formen und solche mit gestreiften Blättern,

Frühlingsgefühle auf zartem Stiel: Convallaria majalis.

Fröhlich und robust: Allium moly.

und die Gartenkultur des Maiglöckchens ist einfach. Hat es einen ihm zusagenden Standort, ist das einzige Problem, seinen unterirdischen Expansionsdrang in Grenzen zu halten. Trotz dieser expansiven Tendenzen ist die schöne Kleine im Garten natürlich unentbehrlich, denn so viele konservierte Maiglöckchen-Duftstoffe es auch gibt – nichts reicht auch nur annähernd an das kostbare, ach so flüchtige Original!

Zierlauch (Allium)
Gattung: Liliaceae, sortenreiche Zwiebel- oder Rhizompflanze
Blütezeit: Frühjahr – Herbst
Höhe: 10 cm – 2 m

Vertreter der Gattung Allium gehören zu den vielseitigsten Gartenpflanzen überhaupt: Sie kommen aus Zwiebel und Rhizom, ganz groß und ganz klein, einige sind essbar, viele sind ungewöhnlich schön und irgendeiner blüht immer, vom Frühjahr bis in den Herbst. In deutschen Gärten hat Allium lange ein eher unterschätztes Dasein als Schnittlauch in der Küchen-Ecke geführt, doch inzwischen feiert auch der Zierlauch mit immer größerem Sortenangebot Triumphe. Zierlauch hat die vor allem für kleine Gärten nicht hoch genug zu schätzende Eigenschaft aller Zwiebelpflanzen, für einen großen Auftritt nur wenig Bodenfläche zu beanspruchen und sich nach der Schau diskret zurückzuziehen. Im Gegensatz zu vielen anderen Zwiebelpflanzen jedoch treibt Lauch zuerst reichlich Blätter, dann die Blüte, eine Eigenschaft, die den Schnittlauch so gut nutzbar macht. Die Blüte vieler Sorten ist spektakulär: große purpurfarbene oder violette Kugeln, die in ihrer funkelnden Pracht an Feuerwerk erinnern, das nur der hohe, schmale Stängel noch in Bodennähe festzuhalten scheint. Der Zierwert dieser gewachsenen Kunstwerke ist auch nach der Blüte hoch. Die reifenden Samenstände bilden wunderschöne, bizarre Skulpturen, einen ruhigen, eher grafischen, grünen Kontrapunkt im Staudenbeet. Selbst trocken sind sie noch attraktiv: Die Köpfe vieler Arten werden im Winter als Trockenblumen verkauft. Allium-Zwiebeln fehlt die schützende Außenhülle, daher vertragen sie Lagern schlechter als etwa Tulpen und müssen schnell in die Erde. Dafür lassen sich viele, den geeigneten sonnigen Standort in lockerer, nährstoffreicher, keinesfalls staunasser Erde vorausgesetzt, auch im Garten spielend leicht fortpflanzen. Sie samen sich freigebig aus oder bilden reichlich Brutzwiebeln. Zierlauch gibt es für fast jeden Standort und jeden Verwendungszweck. Fast alle Vertreter brauchen Sonne, einige geben sich auch mit Halbschatten zufrieden. Ein leuchtender Frühlingsbote ist etwa Allium moly, der Goldlauch, der in seinem strahlenden Gelb ein wenig aus der violetten Familienfarbe fällt. Mit bis zu 30 Zentimetern Höhe gehört er zu den Kleinen der Gruppe. Allium moly verwildert und versamt sich leicht, bleibt also im Garten lange erhalten. Etwas größer und später blühend ist Allium carinatum, ssp pulchellum, dessen unkonventionelle Erscheinung stark an eine Rakete erinnert. Auch er samt sich leicht aus und ist überdies eine aparte Schnittblume.

Eine der großblütigsten, schönsten und dauerhaftesten Arten ist Allium christophii, der Sternkugellauch. Seinem Namen macht er alle Ehre: Als große, luftige Kugel aus amethystfarbenen Sternchen prunkt er ebenso souverän als solitärer Blickfang, wie er die ersten Rosen begleitet. Ein spektakuläres Feuerwerk zum Finale des Frühlings und Beginn eines neuen Gartensommers!

Tipp: Binden Sie letzte Allium-Samenstände im Herbst irgendwo im Garten fest, statt sie auf den Kompost zu werfen, etwa am leeren Spalier. Jeder Raureif lässt die sprühenden Sternchen noch einmal aufblitzen.

Kleine Rakete: Allium carinatum, ssp. pulchellum.

Kurzer Augenblick: Allium schoenoprasum.

Großes, sprühendes Frühlings-Finale: Allium christophii.

Noblesse oblige: Iris Barbata-Elatior-Gruppe 'Secret Melody' ...

... und 'Brown Lasso' zeigen exquisite Farben.

Schwertlilie (Iris)
Gattung: Iridaceae, Rhizom bildende Staude
Höhe: 5–70 cm
Blüte: Spätfrühjahr–Frühsommer

In welcher Größe, Form und Farbe sie auch immer auftreten mögen, alle Iris haben eines gemeinsam: Man übersieht sie nicht. Jede einzelne Blüte umgibt jene Aura von Noblesse, Stolz und Grandezza, die eine der ihren, die Sumpfschwertlilie, als Fleur de Lys ins Lilienbanner der französischen Könige und als Wappenblume in die Heraldik erhoben hat. Darüber, dass das exotisch wirkende Wunder Iris schon so lange in unseren Gärten heimisch ist, schwoll deutschen Botanikern einst die Brust in patriotischem Gärtnerstolz: „Man hat diese Blumen nicht mit Unrecht in Bezug auf Schönheit und Farbenpracht den tropischen Orchideen an die Seite gestellt und sie die Orchideen des deutschen Gartens genannt.“ Heute ist die Iris internationaler denn je, verbindet der vergnügliche Dienst an der königlichen Pflanze weltweit eine große Gemeinde verschworener Fans und erfolgreicher Züchter, die ständig neue Varianten auf den Markt bringen.

Am häufigsten kultiviert werden Bartiris. Ihre Blüten haben gut ausgebildete Hänge- und Domblätter, und den Namen verdanken sie dem deutlich sichtbaren, erhabenen weißen oder farbigen „Bart“ auf den Hängeblättern. Sie sprießen aus oberflächlich kriechenden Rhizomen und bleiben, Adel verpflichtet, gern unter sich. Über Konkurrenz, die ihnen die eleganten Schwertblätter beschattet, sind sie keinesfalls amüsiert, und zu enge Nachbarschaft proletarischer Wucherer nehmen sie übel. Unter solchen unwürdigen Bedingungen können sie zwar noch lange ein elendes Dasein fristen, blühen aber kaum. Bartiris benötigen einen frischen, durchlässigen, etwas neutralen Boden und sehr viel Sonne.

Tipp: Auch die edlen Blattfächer der Iris sind eine Zierde. Ihre schöne Herbstfärbung bei der Standortwahl einzuplanen, lohnt sich immer.

Wolfsmilch (Euphorbia characias)
Gattung: Euphorbiaceae, immergrüner Strauch
Höhe: etwa 1,20 m
Blütezeit: früher Frühling–Frühsommer

„Eine unserer großartigsten Pflanzen“, nannte die berühmte britische Gärtnerin Gertrude Jekyll diese bizarren grünen Gestalten, und in der Tat ist diese große Wolfsmilch mit ihren seltsamen, matt gelbgrünen Blüten ein unübersehbarer Kontrapunkt zu all der sommerlichen Farbigkeit im Garten. Die pittoreske Pflanze ist perfekt an heiße, trockene Mittelmeersommer angepasst. Eine stattliche, aber mit Vorsicht zu behandelnde lebende Skulptur: Der Milchsaft aller Wolfsmilchgewächse kann starke Hautreizungen verursachen. Körperkontakt mit ihnen empfiehlt sich daher keinesfalls, und empfindliche Gärtner sollten besser Handschuhe tragen.

Vielblättrige Gartenlupine (Lupinus polyphyllus)
Gattung: Leguminosae
Höhe: bis 1,20 m
Blüte: Mai–Juni
Kurzlebige Staude

Blau ist nicht alles, was sie zu bieten haben: Lupinen in satten Rottönen sind immer ein verblüffender, weil unerwarteter Blickfang. Ihre hohen, feuerfarbenen Kerzen setzen unübersehbare Glanzlichter in den Hintergrund eines gemischten Staudenbeetes. Lupinen in allen Farben sind vor allem in britischen Gärten sehr beliebt.

Nicht umsonst war es für Dennis Moore, den leicht irregeleiteten Robin-Hood-Verschnitt im legendären Monty-Python-Sketch derart einträglich, wenn er seine Opfer vor die Alternative stellte: „Your life or your lupines!" Lupinen käuflich zu erwerben birgt da weit weniger Komplikationen, und vor allem britische Unternehmen bieten Samen vieler Farbvarianten an. Auch wenn diese Samen wie kleine, flache Erbsen aussehen und weitläufig mit ihnen verwandt sind: Lupinensamen sind sehr giftig! Sie keimen problemlos, die Pflanze liebt durchlässige, sandige, leicht saure Böden, ist, wie viele Leguminosen, Stickstoffsammler. Lupinen sind daher eine einfache und wirksame Gründüngung, vor allem für frisch angelegte Gärten. Hochgeschätzt sind die jungen Exemplare auch bei den Schnecken.

Hohe Lobelie (Lobelia × speciosa)
Gattung: Campanulaceae, Staude
Höhe: bis 1,2 m
Blütezeit: Sommer – Herbst

Die allbekannte kleine blaue Lobelie hat auch stattliche, kontrastfarbige Verwandtschaft: die großen Hybriden von Lobelia speciosa, besonders eindrucksvoll in leuchtendem Rot. Lobelien sollten im Zweifelsfall erst nach den Eisheiligen ausgepflanzt werden, Lobelia speciosa jedoch kann auch in unserem Klima durchaus winterhart sein. Sie benötigt dazu jedoch unbedingt einen Platz mit gutem Wasserabzug, da sie Staunässe hasst, und ausreichend Zeit, um sich zu akklimatisieren. Dann präsentiert sie sich über Jahre hinweg in voller Schönheit, von Kopf bis Fuß in Rot: Als aparte Ergänzung zur intensiv hell strahlenden Blüte tragen auch die Blätter eine matte, dunkle Rubinfarbe. Lobelien sind sehr schneckengefährdet und neigen darüber hinaus in feuchten Sommern zum Faulen.

Eigenwillige Skulptur: Euphorbia characias.

Blühende Fackeln: Lupinus-polyphyllus-Hybriden ...

... und Lobelia × speciosa.

Stern mit Sternchen: Astrantia major 'Roma'.

Große Sterndolde (Astrantia major)
Gattung: Apiaceae, Staude
Höhe: bis 90 cm
Blütezeit: Sommer

Astrantien sind sehr einnehmende Gartengäste: Wer sie einmal hat, hat sie meist für immer und immer mehr, so stark samen sie sich aus. Die Wildpflanze aus Gebirgswiesen und -wäldern Mittel- und Osteuropas schätzt viel Feuchtigkeit, toleriert jedoch auch trockenen Boden. Die Sternform der Hochblätter unter ihrer kleinen Blüte ist derart auffällig, dass sie sowohl im deutschen als auch im wissenschaftlichen Namen festgehalten ist: Auch „astra" bedeutet Stern. Sie offenbart ihre ganze Schönheit erst bei genauem Hinsehen: tatsächlich Sternchen auf großem Stern. Auffälliger als das grünliche Weiß der Wildform sind die rosa bis tiefrot gefärbten Blüten einiger Gartensorten. Astrantien eignen sich mit ihrem schmucken, dauerhaften Laub und den filigranen Blüten gut als zuverlässige Partner zum Auffüllen von Staudengruppen.

Sanfte Glut: Papaver orientale 'Patty's Plum'.

Türkenmohn (Papaver orientale)
Gattung: Papaveraceae, Gruppen bildende Staude
Höhe: bis 1 m
Blütezeit: Spätfrühjahr – Frühsommer

Die ganze Glut eines herrlichen Sommers in einem einzigen Kelch: Die Blüten von Papaver orientale können nicht nur jeden Sonnenstrahl in dramatischem, geradezu flammendem Rot reflektieren, sondern scheinen sogar an trüben Tagen noch aus sich selbst heraus zu glühen. Papaver orientale ist, deutlich sichtbar, ein Kind der Sonne, und zusätzlich benötigt die rasant und üppig wachsende Pflanze nährstoffreiche, durchlässige, leicht feuchte Böden. Eine leichte Stütze, etwa mit diskret zwischen die Staude gesteckten Zweigen oder einem Ring ist sinnvoll, da der Mohn, vor allem in nassen, windigen Jahren, leicht auseinanderfällt. Ansonsten ist er unkompliziert, zieht aber nach der Blüte schnell ein und hinterlässt große Lücken im Beet. Er sollte also besser mit Spätblühern kombiniert werden. Nachblüte im Herbst ist möglich.

Königliches Sommer-Highlight: Lilium regale.

Königslilie (Lilium regale)
Gattung: Liliaceae, Zwiebelpflanze
Höhe: 60 cm – 1,50 m
Blütezeit: Frühsommer

Ihr Charme ist unwiderstehlich. Ernest Henry Wilson war der erste, der ihr verfiel, und das hätte ihn fast das Leben gekostet. Der berühmte britische Pflanzensammler entdeckte die strahlende weiße Lilie 1910 in den abgelegenen Bergen Westchinas und wurde dabei durch Steinschlag schwer verletzt. Wilson war ein Mann, der seine Prioritäten wohl zu setzen verstand: Er ließ zunächst die kostbaren Lilienzwiebeln in Sicherheit bringen, dann erst sich selbst. Gärtner in aller Welt danken es ihm bis heute, denn die noble Weiße hat eine große Karriere gemacht. Ihre Vorzüge sind bestechend: Sie braucht kaum Platz für einen grandiosen Auftritt und ist bei allem Adel außerordentlich robust. Die gleichermaßen pferde- wie pflanzenverrückten Briten bescheinigen ihr „die Konstitution eines Brauereigauls, gepaart mit der Grazie eines Vollbluts“. Wenn der Service stimmt, gedeiht Lilium regale fast überall. Perfekt wären volle Sonne für die Blüten und Schatten für die Zwiebel, doch die Königslilie toleriert ein relativ hohes Maß an Schatten und an Konkurrenz, solange sie nur sonst gut versorgt und der Wurzeldruck der Nachbarn in Grenzen gehalten wird. Die schwere, rötlichbraune, winterharte Zwiebel sollte, möglichst im Herbst, notfalls noch im Frühjahr, tief gebettet werden, damit sie ausreichend Stängelwurzeln bilden kann. Die Erde muss gut drainiert, nicht zu alkalisch und vor allem möglichst großzügig mit Humus angereichert sein. Als Majestätsbeleidigung unbedingt zu unterlassen sind Störungen beim Einziehen nach der Blüte. Lilium regale steht daher am besten in einer Gesellschaft, die die braunwerdenden Stängel taktvoll verbirgt. Was sie, wie alle ihrer Art, überhaupt nicht erträgt, ist gärtnerische Respektlosigkeit. Lilien wissen, was sie wert sind. Wer sie, egal, wie günstig sie zu erwerben sind, gleichgültig als Massenware behandelt, der wird mit ihnen nie glücklich werden.

Weiße Lilien sind das traditionelle christliche Sinnbild von Unschuld, Reinheit und Keuschheit. Angesichts des Sexappeals der Königslilie (und ebenso der eigentlich gemeinten Madonnenlilie) ist das ein schönes Beispiel dafür, wie sehr der erste Blick doch täuschen kann. Abweisende, marmorglatte Kühle ist nur ihre Tagseite, die demostrativ ins helle Licht getragene Unschuld Heuchelei. Sobald es zu dämmern beginnt, lässt die spröde Schöne alle Reserve fallen. Sie duftet so schwül und so unmissverständlich sinnlich, dass die umworbenen Insekten das eindeutige Angebot noch aus weiter Ferne wahrnehmen. Menschennasen auch, und so wäre dieses durchschlagende botanisches Sexsymbol eigentlich besser ein wenig abseits des Hauses platziert, aber: Es ist nur einmal im Jahr Königslilienzeit, und immer viel zu kurz, um ihrer überwältigenden erotischen Ausstrahlung ernsthaft überdrüssig zu werden!

Blütenpracht, solitär grazil oder kombiniert üppig: Clematis fusca 'Violaceae' ...

... und Clematis-Hybride 'Blue Angel', Clematis viticella 'Etoile Violette' und 'Abundance'.

Vertrautes, ungewohnt: Eryngium planum 'Blauer Zwerg' ...

... und Delphinium cultorum.

Waldrebe (Clematis)
Gattung: Ranunculaceae, ausdauernde Kletterpflanze
Höhe: bis 10 m
Blüte: Frühjahr – Herbst

Clematis sind ein blühendes Wunder: Sie nehmen mit erstaunlich wenig Bodenfläche vorlieb, um Spaliere und Pergolen, Bäume und Sträucher mit ihren verschwenderischen Girlanden zu überziehen. Sie tun das allerdings nur unter einer Bedingung: Sie müssen gut gepflegt werden. Ansonsten wird aus dem Traum vom Blütenmeer ein alptraumhafter Knoten jämmerlicher Blätter. Der Service beginnt mit der Standortwahl: Clematis sind Waldpflanzen, mögen also viel Sonne an den Blüten, aber keinesfalls am Fuß. Während der Vegetationsperiode dürfen sie nie austrocknen: Trockenheit macht sie noch anfälliger für den Welkepilz, dem großblütige Arten so oft zum Opfer fallen, und schmälert ihre überschwängliche Vitalität. Clematisranken sind keine Selbstklimmer, benötigen also oft Unterstützung. Sie müssen dabei mit viel Fingerspitzengefühl gehandhabt werden, da sie geradezu frustrierend brüchig sind, vor allem dann, wenn die Pflanze überdüngt wurde. Hungern darf sie aber auch nicht – also ist auch hier Fingerspitzengefühl gefragt.

Inzwischen gibt es, zumindest bei Spezialisten, Clematis für jede Jahreszeit, jeden Gartentyp und nahezu jeden Standort. Unter ihnen sind bewährte Evergreens wie ‘Etoile Violette’, deren samtig dunkle Blüten einen so wohltuend ruhigen Hintergrund für fast alle anderen Sommertöne abgeben, der sich auch wunderbar mit den Farben anderer Clematissorten mischt und dadurch immer neue, attraktive Kombinationen ermöglicht.

Sehr viel seltener und zum Teil ganz neu am Markt sind einige exquisite Wildformen und ihre Variationen. Da ist zum Beispiel Clematis fusca, eine zierliche Wildart aus den Gebirgen Koreas, deren kleine dunkle Glöckchenblüten von Juni bis August aus behaarten Knospen erscheinen. Etwas weniger behaart, dafür aber mit ihrem aparten Braunviolett vielleicht sogar noch attraktiver gefärbt als die Stammart ist die Sorte Clematis fusca violaceae.

Edeldistel (Eryngium planum ‘Blauer Zwerg’)
Gattung: Apiaceae, Staude
Höhe: bis 50 cm
Blütezeit: Hochsommer – Frühherbst

Edeldisteln bestechen schon durch ihre elegante stahlblaue Erscheinung mit den imposanten stachligen Hochblättern. Die Sorte ‘Blauer Zwerg’ bietet zur bizarren Form noch viel Farbe: eine leuchtendblaue Blüte. Alle Edeldisteln gedeihen nur an vollsonnigen Standorten, sind auch vor und nach der Blüte eine Zierde und als Winterdekoration beliebt. Viele Eryngium-Arten sind nicht völlig winterhart.

Rittersporn (Delphinium)
Gattung: Ranunculaceae, Staude
Höhe: bis 1,70 m
Blütezeit: Sommer

Es muss nicht immer Standard sein: Durch geschickte Sortenwahl lassen sich auch mit Altbewährtem immer neue Akzente setzen. Ein Beispiel dafür ist der Rittersporn: Weiß statt Blau bedeutet eine vertraute Erscheinung im unorthodoxen Outfit – und damit neue Aufmerksamkeit für alte Bekannte. Vorbei sind Kaisers Zeiten, in denen die militärisch aufgereihten Blauen dominierten und sich „die Bastarde derselben“, wie ein Botaniker andere Farben säuerlich nannte, im ordentlichen deutschen Beet tunlichst nicht blicken ließen. Heute kommt der Rittersporn gerne farbig, und weiß ist da sicher einer seiner attraktivsten Töne.

Zuverlässige Sommerpracht: Tropaeolum majus 'Whirlybird Mix' ...

Kapuzinerkresse (Tropaeolum)
Gattung: Tropaeolaceae, Einjährige
Höhe: 30 cm – 5 m
Blütezeit: Sommer – Spätherbst

Tropaeolum ist die Pflanze für alle Fälle. Sie steht aufrecht, sie kriecht, sie klettert, sie prunkt in Topf und Beet, sie begleitet Gemüse ebenso passend wie Blumen, sie schlingt sich durch Sträucher und Bäumchen, sie ist essbar – und vor allem blüht sie pausenlos vom Sommer bis zum ersten Frost. Letzteres allerdings nur, wenn sie nicht überdüngt und Verblühtes regelmäßig ausgekniffen wird. Das lohnt sich wieder gleich mehrfach: Die kleinen Ansätze der Samenkapseln sind ein leckeres, scharfes Salatzubehör. Auch die Blätter sind essbar und geben etwa marinierten Zucchini ein ungewöhnlich delikates Aroma. Zuviel Kapuzinerkresse gibt es also nie, da man jeden Überschuss einfach auf den Tisch bringen kann. Sie reichlich und überall zu säen oder in Töpfen aufzustellen ist eine sichere Garantie für einen fröhlichen Gartensommer: Einmal finden sich ihre bunten Blüten später an den unverhofftesten Stellen und in den verblüffendsten Kombinationen, zum anderen springt sie überall da willig ein, wo etwa in einem nassen Sommer ein Hauptdarsteller kapituliert und eine Lücke im Beet entsteht.

... und Tropaeolum minus.

Tipp: Besonders apart ist Kapuzinerkresse „Hausmarke“: Über Jahre hinweg aus selbst gesammelten Samen vermehrt, zeigt sie oft ganz individuelle, ausgefallene Farbtöne.

Charme in klassischer Form: Edelrose 'Miriam'.

Rose (Rosa)
Gattung: Rosaceae, Laub abwerfender Strauch oder Kletterpflanze
Blütezeit: Spätfrühjahr – Herbst

„Oh wer um alle Rosen wüsste,
Die rings in stillen Gärten stehen –
Oh wer um alle wüsste, müsste
Wie im Rausch durchs Leben gehen."

Christian Morgenstern hat es erfasst: Rausch ist angesichts einer schönen Rose ein absolut angemessener Seelenzustand. Er wird der jahrtausendealten Beziehung zwischen den Menschen und der stachligen Schönheit noch am ehesten gerecht. Was immer über die rätselhafte Rose gesagt und geschrieben worden ist – und das ist weit mehr als über jede andere Gartenpflanze – reichen wird es nie und erklären nur zum Teil. Das letzte Geheimnis dieser Pflanze ist nicht in Worte zu fassen. Pracht, Parfum, Kulturgeschichte, Blume der Aphrodite und der Venus, ewiges Symbol von Liebe und Schönheit, doch ebenso von lasterhaftem Überschwang, der Menschheit seit mindestens 4000 Jahren eng verbunden – angesichts einer einzigen schimmernden, duftenden Blüte ist das alles nur Papier. Wer sich da nicht spontan verliebt, dem ist sowieso nicht zu helfen. Bei Rosen ist immer Magie im Spiel, eine Bindung jenseits aller Ratio.

Das ist, ehrlich gesagt, auch bitter nötig. Wie sonst sollten die ergebenen Fans der Gartenkönigin alles, aber auch alles verzeihen? Zum Beispiel ihre ausgeprägte Angriffslust. Notwehr würde man dem sprichwörtlichen „Röslein auf der Heiden" selbstverständlich gern zugestehen. Die Angewohnheit aber, ihre teils mörderischen

Charme als kokette Kugel: Kletterrose 'Raubritter'.

Die ganze Magie des Frühsommers: Englische Rosen 'Claire Rose' ...

... 'Gertrude Jekyll' ...

... 'Graham Thomas' ...

... und 'David Austin'.

Angelhaken bei jeder Gelegenheit mit beiläufiger Bösartigkeit, sozusagen en passant, ins menschliche Servicepersonal zu schlagen, grenzt mitunter an schieren Sadismus. Besonders bei Heckenrosen und Ramblern, deren Reichweite ebenso erstaunlich ist wie Größe und Schärfe ihrer Dornen. Diese Dornen sind, botanisch genau genommen, natürlich Stacheln: Sie sind, ebenso wie die Blätter, Teil der Epidermis, der Oberhaut der Pflanze, während Dornen dem darunterliegenden Holz entspringen und fest mit ihm verwachsen sind. Stacheln lassen sich darum leicht ablösen. Bei allzu engem Kontakt mit Rosen ist das allerdings kein großer Trost. Zur Militanz der Gattung kommt die recht ausgeprägte Zimperlichkeit, sprich: die Pilzanfälligkeit gerade einiger der schönsten Sorten. Die kann die Kombination von Rosen und jenen norddeutschen Sommern, die Heinrich Heine so treffend als „grün angestrichenen Winter“ bezeichnete, zu einer einzigen Gärtnerqual machen. Gottseidank ist da immer diese spezielle Magie im Spiel: Sobald sie die erste Blüte öffnen, vergibt und vergisst man ihnen wirklich alles!

Bei der Auswahl für den eigenen Garten ist dann doch wieder eher Vernunft gefragt, um aus dem unüberschaubaren Angebot eine möglichst standortangemessene Rose zu finden. Am schönsten blühen alle an einem optimalen Platz: sonnig, aber keinesfalls zu heiß, mit einem leichten Luftzug und gutem Abstand zu Nachbarn. Es gibt Sorten, die auch unter widrigeren Umständen gut überleben können, aber tiefen Schatten, Wurzeldruck und Tropfwasser von oben verabscheuen sie alle. Auch zu heiße Südlagen können problematisch sein, weil sie Mehltau fördern. 'Raubritter', unter unpassenden Bedingungen für diese Pilzinfektion sehr anfällig, mag solche Standorte überhaupt nicht. Ansonsten macht die charmante, 1936 von Kordes gezüchtete Rose aber willig nahezu alles mit: Sie wächst frei als überhängender, wuchernder Busch und ist damit ein hervorragender Bodendecker, sie lässt ihre langen, überhängenden Triebe, die an ihren Rambler-Elternteil erinnern, ebenso dekorativ von einer Mauerkrone herabfallen wie von einer Pergola oder einem Bogen, und nicht zuletzt ergibt sie einen herrlichen Hochstamm. 'Raubritter' blüht nur einmal, dafür aber lange. Diese Blüte ist einzigartig: üppige Büschel von gefüllten, adrett und kokett wirkenden seidigrosa Kugeln, die diese rundum attraktive Rose zu einer unverwechselbaren Persönlichkeit machen.

Alle Rosen mögen schweren, gut bearbeiteten Lehmboden und vor allem jede Menge Humus. Viele der alten Sorten, vor allem Alba- und Gallicarosen, sind weitaus robuster als viele Nachfolger, und zumindest einige der englischen Rosen haben die Zähigkeit der alten Elternsorten geerbt. „Rosenpapst“ David Austin gelang mit dieser Kombination historischer und moderner Sorten ein Riesenerfolg Viele seiner Züchtungen vereinbaren Charme, Duft und manchmal auch Robustheit der historischen Sorten mit Größe und Remontierfähigkeit der neuen. Einige Austin-Sorten sind längst Klassiker, etwa 'Graham Thomas' mit ihrem tiefen, warmen Bernsteingold.

Leidenschaftlicher Sommerausklang: Helenium 'Rubinzwerg'.

Sonnenbraut (Helenium)
Gattung: Asteraceae, Staude
Blütezeit: August – September
Höhe: 60 cm – 1,50 m

Der Name sagt es: Helenium ist die Idealbesetzung, um die schwindende Spätsommersonne einzufangen und Zeit noch ein wenig länger stillstehen zu lassen, bevor der Herbst ernsthaft zuschlägt. Ihre ursprüngliche Farbskala umfasst vor allem Gelb-, Kupfer- und Goldbrauntöne, neuere Züchtungen prunken auch in sattem Rot. 'Rubinzwerg' etwa macht seinem Namen alle Ehre und garantiert einen formvollendeten Sommerausklang in allen Tönen des Sonnenuntergangs. „Zwerg" ist hier allerdings relativ, denn auch die kleineren Helenium-Arten erreichen über einen halben Meter Höhe und sollten besser gestützt werden, bevor ihre schweren Blütenköpfe sie im Regen zu Boden ziehen. Helenium ist Starkzehrer und blüht nur dann wirklich reich, wenn die Staude gut gedüngt und immer wieder neu geteilt und versetzt wird. Dabei sollten zumindest Allergiker besser Handschuhe tragen, da der Kontakt mit Helenium-Blättern Hautprobleme verschlimmern kann. Ansonsten macht die robuste Staude selten Probleme, von Schneckenfraß im Jugendstadium abgesehen.

Moskitogras, Haarschotengras (Bouteloua gracilis) Seite 70
Gattung: Poaceae, Rhizom bildendes, ausdauerndes Gras
Höhe: 30 cm
Blütezeit: Juli – September

Die Herkunft, steinige Hänge Mexikos, verrät es: Bouteloua gracilis verträgt weder Schatten noch Nässe. Das zarte, bildschöne Gras benötigt daher in den meisten Gartenbeeten, zusätzlich zum vollsonnigen Standort, Drainage. Besser gedeiht es an offenen Böschungen, Terrassen und Trockenmauern. Seine waagerechten, flachen Ähren sind derart dekorativ, dass es keiner Begleiter bedarf.

Schmuckkörbchen, Kosmee (Cosmos bipinnatus) Seite 71
Gattung: Astraceae, reichverzweigte Einjährige
Höhe: 50 – 120cm
Blütezeit: Juli – Frost

Chinesischer Knöterich (Polygonum orientale) Seite 71
Gattung: Polygonaceae, aufrechte, verzweigte Einjährige
Höhe: bis 120 cm
Blütezeit: Spätsommer – Herbst

Auch die Kosmee stammt aus Mexiko, wurde schon Ende des 18. Jahrhunderts nach Europa eingeführt und war lange eine der beliebtesten Bauerngartenpflanzen. Auf ärmlichen Böden blüht sie am allerschönsten und lässt sich leicht aus Samen vermehren. Die rosa, pinkfarbene und weiße Pracht auf zarten Stängeln hatte jedoch lange Zeit zwei Nachteile: Cosmos war ursprünglich eine Kurztagspflanze und öffnete ihre Knospen daher erst nach der Sommermitte. Zusätzlich waren die alten Sorten sehr hoch, sehr sparrig und damit sehr wind- und regenempfindlich. Beides hat sich in modernen Züchtungen geändert: Es gibt untersetztere und stabilere Kosmeen, und sie blühen während des ganzen Sommers. Verblühtes sollte immer ausgekniffen werden, um die Blütezeit zu verlängern. Ihr Pflanzpartner Polygonum orientale verdankt den englischen Namen „Kiss me over the garden gate" seinen graziös und einladend geneigten, in der leichtesten Brise zitternden Blütenständen. Es muss aber nicht unbedingt das Gartentor sein: Der große Knöterich mit dem Bogen aus rotvioletten Glöckchen überspannt ebenso elegant die Partner im Staudenbeet und ist immer für eine bestechende Ton-in-Ton- oder kontrastfarbene Kombination gut.

Drei Grazien: Bouteloua gracilis ...

... Cosmos bipinnatus und Polygonum orientale.

Ton in Ton in den Farben von Tiefe und Harmonie: Zinnia elegans 'Purple' ...

... Aster amellus 'Veilchenkönigin' ...

... Campanula punctata-Hybride 'Sarastro' ...

... und Callistephus chinensis 'Strahlen-Busch'.

Zinnie (Zinnia elegans)
Gattung: Asteraceae, Einjährige
Höhe: bis 75 cm
Blütezeit: Sommer

„Sie wirkt, als hätte man sie aus Karton ausgeschnitten und kunstvoll zusammengeklebt", schrieb Vita Sackville-West über Zinnia elegans. „Sie ist steif, geziert, gedrechselt und fast geometrisch abgezirkelt; wer romatischere, unordentliche Blüten vorzieht, lehnt sie wegen ihrer Regelmäßigkeit ab." Die große britische Gärtnerin liebte die Zinnie: „Kaum eine zweite Blume schenkt uns eine Mischung so seltener Farben. Nicht viele Blumen sind so leuchtend, ohne grell zu wirken." Zinnia elegans wurde schon 1796 aus Mexiko in europäische Gärten eingeführt. Seither entstanden Hunderte von Sorten in fast allen Farben, alle mit Blüten wie kleine Sonnen, alle kälte- und nässeempfindlich. Die ungefüllten Blüten sind auch bei Schmetterlingen sehr beliebt, doch sind sie da, wieder einmal, nicht die einzigen: Auch die Schnecken sind gern mit von der Partie.

Punktierte Glockenblume (Campanula punctata-Hybride 'Sarastro')
Gattung: Campanualceae, Rhizomstaude
Blütezeit: Juni – Oktober
Höhe: 40 cm

Zu dem, was Karl Foerster überschwenglich „Blauer Schatz der Gärten" nannte, zählt auch 'Sarastro', eine Hybride von Campanula punctata, der Noblen Japan-Glockenblume und Campanula trachelium, der Brennnesselblättrigen Glockenblume, einer einheimischen Wildpflanze. Glücklicherweise ist 'Sarastro' keine Kombination der Unarten beider Eltern, im Gegenteil: Er wuchert nicht und samt sich auch nicht übermäßig aus. Stattdessen ist er steril und steckt um so mehr Kraft in monatelanges Blühen. Das großartige, tiefe, nahezu mythische Dunkelviolett seiner Glocken sucht im Garten seinesgleichen. Nicht nur romatische Gärtner verstehen bei so einem Anblick sofort, warum Glockenblumen einst den Elfen zugeordnet wurden.

Sommeraster (Callistephus chinensis)
Gattung: Compositeae, schnellwüchsige, buschige Einjährige
Höhe: 20 – 60 cm
Blütezeit: Spätsommer – Frost

Unter den Pflanzen, die in den begehrten herbstlichen Blautönen auftreten, ist auch die einjährige Sommeraster. Bewährte Bauerngartenpflanze und vor hundert Jahren einer der ganz großen Gärtner-Favoriten, ist sie heute weit weniger populär. Das ist schade, denn die neueren Züchtungen sind wesentlich eleganter gestylt als die pummeligen Vorfahren: Statt der dicken bunten Köpfe tragen sie feine, strahlige Blütengesichter von chrysanthemenartiger Anmut. Sommerastern wären immer für einen unkomplizierten Farbfleck gut, wenn – ja, wenn sie nicht, vor allem als Setzlinge, so anfällig gegen die berüchtigte Asternwelke wären. Die wird durch Fusarium- und Verticillium-Pilze ausgelöst, die die Leitungsbahnen im Stängel verschließen und die Pflanze welken und sterben lassen. Ein Gegenmittel gibt es leider nicht, nur den Rat, auf resistente Sorten auszuweichen.

Tipp: Wer Zinnien gezielt als Schmetterlingspflanzen zieht, sollte gelbe, rote und blaue Farben wählen. Falter favorisieren die, weil sie sie am besten erkennen.

Sommeraster, Bergaster (Aster amellus) Seite 72
Gattung: Asteraceae, Gruppen bildende Staude
Höhe: 30–60 cm
Blütezeit: Spätsommer–Herbst

Ein anderer großer Schmetterlingsfavorit des Nachsommers ist die Bergaster, die mit ihrem tiefen Violett besonders Wanderfalter wie Admirale geradezu magisch in den Garten zieht. Evergreen und Highlight unter ihnen ist nach wie vor die strahlende „Veilchenkönigin" des großen Gärtners, Staudenzüchters und Schriftstellers Karl Foerster.

Mähnengerste (Hordeum jubatum)
Gattung: Poaceae, einjähriges oder ausdauerndes Gras
Höhe: bis 50 cm

Im Auf und Ab der Gartenmoden haben die Ziergräser, zumindest nach dem Pampasgras-Boom der Siebziger, lange Zeit eher eine Nebenrolle gespielt. Als Rasen oder Wiese war Gras immer gleichbleibend „in", als Schmuckelement fast vergessen. Das ändert sich rasant, vor allem deshalb, weil die vielen Neu- oder Wiederentdeckungen der letzten Jahre eines deutlich zeigen: Es gibt weit mehr zwischen Pampasgras und Zierrasen, als die meisten Gärtner vermuten. Gräser sind vielseitig, im Beet ebenso wie in Kübel und Kasten: einjährig und mehrjährig, winzig bis riesig, zierlich überhängend oder straff gespreizt wie ein Pfauenrad – und natürlich nicht immer nur grün. Zusätzlich können sie jeden Garten mit den begehrten Silber-, Kupfer- und Rottönen bereichern. Einige sind sogar mehrfarbig oder tragen originelle Zebra- und Stachelschweinstreifen. Vor allem aber bringen Gräser mit ihrem grazilen Habitus und ihrer spontanen Reaktion auf den leisesten Windhauch Bewegung und Leben in den Garten, mehr als die meisten anderen Gewächse es können. Sie bieten dabei Höhepunkte rund ums Jahr. Die Mähnengerste ist ein gutes Beispiel: Fügt sich diese zarte Verwandte unseres Getreides im Sommer dezent in jede Kombination, als grüner Ruhepunkt in der bunten Saison und als dekorative Ergänzung in Sommersträußen, so kommt mit dem Herbst ihr ganz großer Auftritt. Die elegant überhängenden Rispen verfärben sich leicht ins Rötliche, und wenn sich die späte Sonne in den silbrigen Grannen reflektiert, sehen sie tatsächlich aus wie seidig schimmerndes Haar. Es muss übrigens nicht immer Pferdemähne sein: Auf englisch heißt diese Gerste Eichhörnchenschwanzgras. Wo sie sich wohlfühlt, da bleibt sie, machmal sogar weitaus üppiger, als es Gärtnern lieb ist. Zu deutsch: Sie kann wuchern.

Federborstengras (Pennisetum villosum) Seite 76
Gattung: Poaceae, einjähriges Gras
Höhe: 60 cm

Gräser gehören zu den stillen Schönheiten im Garten, zu den Highlights auf den zweiten Blick. Ihre Wirkung ist eher grafisch als malerisch, schon ihr grüner Austrieb im Frühjahr eine Augenweide – ein Begriff, der hier, angesichts der traditionellen Verwendung von Gras als Futterpflanze für Mensch und Tier, besonders gut passt. Ihr sanftes Grün schafft optische Ruhezonen, und weil Gräser generell so zurückhaltend sind, kommen viele von ihnen erst gegen Ende ihrer Vegetationszeit richtig zur Geltung, wenn ihr eleganter Fruchtstand ausgebildet ist und sich verfärbt. Bei Pennisetum etwa, einer der größeren Arten, gehen die namensgebenden blassgrünen oder weißen Federborsten im Herbst in ein edles Purpur über. Das afrikanische Gras ist in unseren Breiten meist nur einjährig zu kultivieren, solitär ebenso wie als perfekte Ergänzung zu Herbstblühern wie Astern.

Schimmernde Mähne: Hordeum jubatum.

Leichtes Spiel mit Licht und Schatten: Pennisetum villosum ...

... und Lagurus ovatus.

Üppiger Rotschopf: Panicum virgatum.

Südliches Hasenschwanzgras (Lagurus ovatus) Seite 77
Gattung: Poaceae, einjähriges Gras
Höhe: bis zu 50 cm

Lagurus ovatus gehört, trotz normaler Höhe, zu den besonders Zierlichen unter den Gräsern. Seine schmale, aufrechte Gestalt wirkt besonders schön in Gruppen, die sich in jedem leichten Hauch bewegen. Als „Gespielen des Windes" hat Karl Foerster alle Gräser bezeichnet, und auf kaum eines passt dieses Bild so gut wie auf das feine, luftige Hasenschwanzgras. Solo oder in bunter Gesellschaft in der Rabatte – seiner filigranen Faszination kann sich kaum jemand entziehen. Lagurus ovatus stammt aus dem Mittelmeergebiet, für den Garten gibt es auch eine kompakte Zwergform.

Rutenhirse (Panicum virgatum)
Gattung: Poaceae, Rhizom bildendes, ausdauerndes Gras
Höhe: bis 1,50 m

„Gras ist das Haar der Mutter Erde", schwärmte Karl Foerster in der für ihn so typischen Freude am bedeutungsgeladenen Vergleich. So betrachtet ist Panicum virgatum, die Rutenhirse, fürwahr ein kräftiger Schopf: Die bis zu anderthalb Meter hohe Hirse bildet aus ihren Rhizomen üppige, aber dennoch luftige Horste. Auch die Haarfarbe ist bemerkenswert: Außer dem grünen Gras mit der ausgeprägten Herbstfärbung gibt es die Sorte 'Rehbraun' in intensiven bräunlichen und roten Schattierungen. Nach der besonders auffälligen, fast metallisch leuchtenden Herbstfärbung, die im Spätsommer an den Spitzen beginnt, wird sie auch „Kupferhirse" genannt.

Tipp: Alle Gräser sollten erst im Frühjahr geschnitten werden, damit die Pflanzenbasis über Winter geschützt bleibt.

Dahlie (Dahlia) Seite 81/82
Gattung: Asteraceae, reichblühende Staude mit Wurzelknolle
Höhe: bis 1,50 m
Blütezeit: Sommer bis Frost

An der Dahlie scheiden sich die Gärtner-Geister. Für die einen ist sie die „Königin des Herbstes", mit der Glut ihrer vielen blühenden Sonnen Symbol des ganzen, vergehenden Sommers und letztes großes Highlight vor der langen Dunkelheit. Für die anderen ist sie ein hoffnungslos nostalgisches und leicht spießiges Stück Botanik, das den Trend zum pflegeleichten, mühelosen Garten verschlafen hat. Kaltgelassen hat sie von Anfang an niemanden: Als die Dahlie 1789, im Jahr der Großen Französischen Revolution, nach Europa kam, sorgte sie für eine Revolution im Gartenbeet. Ihr Aufstieg war kometengleich. Zu Großmutters Zeiten wurde sie Georgine genannt, und eine prunkende Reihe dieser herrlichen Blumen, die die fortgeschrittene Jahreszeit so augenfällig negieren, war der Stolz jeden Gartens.

Leider erfordert die spektakuläre Nationalblume Mexikos etwas, das viele moderne Gärtner nicht mehr besitzen: einen kühlen, luftigen, aber frostfreien Ort zum Überwintern ihrer Knollen. Sie mangels dessen als Wegwerfpflanze einjährig zu kultivieren, ist nicht jedermanns Sache. Außerdem benötigen zumindest die großen Dahlien reichlich Service: auspflanzen und im Herbst wieder ausgraben, Teilen der Knollen, Aufbinden und Ausputzen der Stauden, von Fernhalten unerwünschter Profiteure wie Nacktschnecken, Ohrwürmer und Schadpilze ganz zu schweigen. Vabanque ist es immer: Kommt der erste Frost zu früh, stirbt die ganze Pracht noch in der Knospe. Diese un-

Sonnenpflanze in schattierter Farbe: Kaktusdahlie 'Jura' ...

zeitgemäße, immer gefährdete Herrlichkeit hat auch die Dichter fasziniert: „Warum so spät erst, Georgine?" fragt etwa Hermann von Gilm zu Rosenegg in einem Gedicht. „Sind nicht zu kalt diese Nächte? Wie lebst du diese Tage hin?" Längere Zeit lebte die Dahlie ihre Tage vor allem in den Gärten treuer Freunde hin, die wussten, was ihnen diese große Liebe wert war. Doch der Trend kehrt sich um: Die Dahlie ist auf dem Weg zum Comeback, und so, wie die Karriere dieser Blume verlaufen ist, könnte es durchaus spektakulär werden. Neue Typen erobern den Markt, darunter vor allem kompakt wachsende wie die Gallery-Dahlien, die nicht nur weniger Pflegeaufwand erfordern, sondern auch gut im Kübel zu halten sind. Die nur etwa einen halben Meter hohen Pflanzen blühen genauso reich wie die Großen, und das den ganzen Sommer lang. Da sie auch als fertige Pflanzen im Topf gehandelt werden können, sind sie wie geschaffen dafür, eine Lücke im Hochsommerbeet mit ihren raffinierten Farbzusammenstellugen zu füllen. Von der Gattung Dahlia ist noch einiges zu erwarten, gehört sie doch zu den variantenreichsten Gartenpflanzen und hat gut 20.000 Kulturformen nahezu jeder Höhe, Farbe und Blütenform. Sie alle tolerieren kaum Schatten, sie alle brauchen fruchtbare, humose, gut wasserdurchlässige Erde. Die Königin des Herbstgartens belohnt ihre Untertanen reich: Wo Dahlien blühen, ist der Sommer noch einmal zurückgekehrt und der Winter scheint schlicht undenkbar – auch wenn er vielleicht nur noch eine einzige Frostnacht entfernt ist.

... und Dahlia 'Cafe au lait'.

Glattblatt-Aster (Aster novi-belgii) Seite 83
Gattung: Asteraceae

Traditionelle Partner der königlichen Dahlien sind die weniger dominanten Herbstastern. Ihr sanftes, mattes Violett konkurriert nicht mit dem Aufwand, den die Georginen betreiben, ihre offene Blüte lockt späte Schmetterlinge, die an den gefüllten Dahlienblüten leer ausgehen. Eines haben die Astern den stolzen Dahlien ohnehin voraus: Der erste Frost lässt sie nicht gleich zu einer formlosen, kläglichen Masse Glibber zusammensinken. Astern leben immerhin lange genug, um mit dem ersten Raureif noch einmal ein wunderschönes Abschiedsbild zu bieten. Ein Bild, wie es Gottfried Benn in einem Gedicht festzuhalten versuchte: „Astern – schwelende Tage, alte Beschwörung, Bann. Die Götter halten die Waage eine zögernde Stunde an."

Der Sommer vor der Dunkelheit: Dahlia 'Black Wizzard' ...

... und Aster novi-belgii im ersten Raureif.

Letzte Glut: Berberis × rubrostilla 'Barbarossa' und ...

Berberitze (Berberis × rubrostilla 'Barbarossa')
Gattung: Berberidaceae, Laub abwerfender Strauch
Höhe: bis 2,5 m

Mit dem ersten Frost endet aller gärtnerischer Einfluss – und glücklich die, die schon in der Pflanzzeit auch an schöne Winterbilder gedacht haben! Berberitzen etwa liefern mit ihren korallenroten Beeren zuverlässig eine prächtigen Kontrast zu Raureif und Schnee. Erst recht so lange, wie auch noch die haltbaren, dunkelgrünen oder purpurroten Blätter mit von der Partie sind.

Eichblatthortensie (Hydrangea quercifolia)
Gattung: Hydrangeaceae, Laub abwerfender Strauch
Höhe: bis 2,5 m
Blütezeit: Juli–August

Nomen est Omen: Die Eichblatthortensie hat nicht nur nahezu die Blattform einer Roteiche, sie kann mit dem großen Vorbild auch in der Herbstfärbung mühelos mithalten. Sie kann, muss aber nicht. Obwohl sie, wie die meisten Hortensien, ein wenig Schatten toleriert, entwickelt die gebürtige Nordamerikanerin ihre volle, von orange über rotweinfarben bis ins Violette spielende Herbstfärbung nur in voller Sonne. Allein dieser Färbung wegen lohnt es sich, den anspruchslosen Strauch zu pflanzen. Die sterilen Blüten sind hübsch, aber weit weniger spektakulär. Sie erscheinen in breiten, lockeren, weißen Rispen und färben sich im Verblühen leicht rosa.

... Hydrangea quercifolia.

Ende und Neubeginn: Corylus avellana 'Contorta' ...

... Cornus florida 'Sweetwater' ...

... Rosa 'Zwergkönig' ...

... und Hamamelis × intermedia 'Jelena'.

Korkenzieher-Hasel (Corylus avellana 'Contorta')
Gattung: Betulaceae, Laub abwerfender Strauch
Höhe: bis zu 5 m

Diese spontane Mutation des Haselstrauches wurde um 1900 in Großbritannien entdeckt. Das bizarre, korkenzieherartige Wachstum entsteht durch eine Veränderung der Erbanlage für normales, gestrecktes Wachstum, eine Mutation, die auch in anderen Pflanzen vorkommt. Im Sommer führt der gestauchte, verdrehte Busch sozusagen ein Inkognito-Dasein unter großen Blättern. Sein großer Auftritt kommt mit dem Laubfall, vor allem dann, wenn Schnee seine bizarren Zweige in seltsame graphische Muster verwandelt. Die Korkenzieher-Hasel ist langsamwüchsiger und deutlich empfindlicher als ihre Ursprungsart. Sie liebt kalkhaltigen Boden und steht am besten windgeschützt und als Solitär.

Zaubernuss (Hamamelis)
Gattung: Hamamelidaceae, Laub abwerfender Strauch
Höhe: bis 4 m
Blütezeit: Winter

„Es ist ein besonderer Charme um all die Bäume, die ihre Blüten vor den Blättern tragen: die Reinheit ihrer Linien wird durch keinerlei grüne Laubbüschel gestört; sie erlauben uns, die feine Zeichnung ihrer Äste zu betrachten, während sie uns gleichzeitig mit etwas Farbe beschenken. Die Zaubernuss ist zweifellos ein Baum, den jedermann pflanzen sollte, denn seiner Tugenden sind viele, und falls er Fehler hat, so müsste ich sie erst entdecken."

So wie Vita Sackville-West geht es den meisten Gärtnern. Der Charme, der Zauber der Zaubernuss ist tatsächlich unwiderstehlich. Schon der Name verrät etwas von dem Wunder, das es bedeutet, den im Sommer eher unauffälligen Strauch im trüben Januar in leuchtenden Sonnenfarben blühen zu sehen. Bei Frost rollen sich die schmalen Blütenblätter einzeln ein und überstehen so auch tiefe Minusgrade unbeschädigt. Hamamelis benötigt unbedingt einen sonnigen, nährstoffreichen Standort und reagiert sehr empfindlich auf Trockenheit. Ihr langsamer Wuchs macht sie zunächst auch für kleine Gärten attraktiv, doch da kommen mit dem Alter die Probleme: Hamamelis verträgt Schnitt schlecht und braucht lange, um danach wieder die typische Form zu erreichen. Eine kleine Ausnahme von der Schere-weg-Regel ist allerdings kaum zu umgehen: Dann und wann ist wenigstens ein Zweig für die Vase fällig, um den wunderbaren Duft der Blüten unabhängig von rauem Winterwetter genießen zu können. Schon dieses so unzeitgemäßen Duftes wegen lohnt es sich immer, eine Zaubernuss zu pflanzen – und deshalb, weil man nie weiß, was sie eigentlich ist: ein grandioser Abschied von alten Gartenjahr oder ein, buchstäblich, zauberhafter Beginn des neuen.

Blumenhartriegel (Cornus florida)
Gattung: Cornaceae, Laub abwerfender Baum oder Strauch
Höhe: bis 6 Meter
Blütezeit: Spätfrühjahr

Cornus florida, der Blumenhartriegel, ist die Wappenpflanze des US-Bundesstaates Virginia. Dort und in den gesamten östlichen USA blüht er in Spätfrühjahr in opulenter Pracht, doch sogar im Winter ist er, seiner imposanten konischen Erscheinung wegen, von großem Zierwert. Die Gattung erhielt sowohl den deutschen Namen als auch die botanische Bezeichnung ihres stabilen Holzes wegen: Cornus bedeutet „hart". Das prachtvolle Gehölz kann im Garten ein wenig heikel sein. Es benötigt ein Habitat, das den lichten Wäldern ähnelt, aus denen es stammt: humose, leicht saure Böden, feucht, aber ohne Staunässe, gut gemulcht und mit Schattenstauden zu seinen Füßen.

„Ein hellroter Traum“: Rosa ‘Abraham Darby’.

‘Abraham Darby’ ist nicht nach dem üblichen Konzept des „Rosenpapstes“, Historisch mal Neu, gezogen, sondern ein Sprössling zweier moderner Rosen. Dennoch ähneln ihre großen, duftenden Blüten denen Alter Rosen. Ihre Popularität verdankt sie zum einen ihrer Robustheit, gepaart mit einer Winterhärte, die sie bis zum Frost immer neue Blüten treiben lässt, und zum anderen ihrer ungewöhnlichen Farbmischung: Blassgelb außen, Pfirsichrosa innen. Reif und Sonnenlicht tauchen die letzte Blüten noch einmal kurz in wunderschöne, klassische Rosenfarben, bevor sie abfallen. Denn leider, leider wird es nicht enden wie in Kalekos Gedicht: „Ein Traum, und der Winter ist um.“

Sonnenhut (Rudbeckia hirta)
Gattung: Asteraceae, zweijährige oder kurzlebige Staude
Höhe: bis 90 cm
Blütezeit: Sommer – Frost

Rose (Rosa ‘Abraham Darby’)

„Was tut wohl die Rose zur Winterszeit? Sie träumt einen hellroten Traum ...“ Auf den Fotos träumen, als seien sie dem Gedicht von Mascha Kaleko entstiegen, die englische Rose ‘Abraham Darby’ und die Zwergrose ‘Zwergkönig’ (Seite 86 u. li.). ‘Zwergkönig’ ist reich- und öfterblühend bis zum Frost, und was ihm an Duft fehlt, macht er mit ungewöhnlicher Härte wett. Er verträgt sogar längeren Regen. Die Austin-Strauchrose

Es gibt Gartenbilder, die bekommt man geschenkt – oder eben nicht. Und doch: Ein bisschen Planung kann da durchaus hilfreich sein. Etwa die Auswahl robuster, lange blühender Stauden wie Rudbeckia hirta, einer zuverlässigen Blüherin aus den Prärien Nordamerikas. Wer dann noch dem allherbstlichen Großreinemach-Drang Zügel anlegt, hat eine gute Chance, mit Bildern wie diesem belohnt zu werden: mit einem glitzernden, weißgoldenen Stern, der so schön ist, dass er mit dem Ende der Gartensaison versöhnen könnte. Jedenfalls beinahe!

Strahlender Abschied, vergänglicher Stern: Rudbeckia hirta.

Gold, Amethyst und Silberweiß: Eranthis hymealis, Crocus tommasinianus ...

... und Galanthus nivalis 'Viridi-apice'.

„Dancing with the daffodils“: Narcissus bulbocodium.

Im Spiel von Licht und Dunkel: Pflanzen für halbschattige Standorte

Winterling (Eranthis hymealis) Seite 90
Gattung: Ranunculaceae, Gruppen bildende Knollenstaude
Höhe: bis 8 cm
Blütezeit: Januar – März

„Man kann gar nicht genug Winterlinge in seinem Garten haben", schwärmte der britische Schriftsteller und leidenschaftliche Gärtner Beverley Nichols. Nur der Meinung, dass es sich bei der kleinen Pflanze um eine wirkungsvolle Frühlingsblume handele, widersprach er erbittert: „Sie ist gar nicht ‚eine der ersten Frühlingsblumen'. Sie ist eine Winterblume, und ‚wirkungsvoll' ist nicht der richtige Ausdruck. Sie blendet einen förmlich durch ihr leuchtendes Gold. Nach meinen Erfahrungen würde sie blühen, selbst wenn man sie auf einen Eisberg pflanzte ... Der Winterling gleicht einer großen, leuchtenden Butterblume mit grüner Halskrause. Sein unverdrossener goldener Glanz ist gefeit gegen Regen und Schnee, gegen die bitterste Kälte."

Damit ist eigentlich alles gesagt, bis auf zweierlei: Winterlinge sind eine ausgezeichnete Bienenweide, und so sehr sie sich verbreiten können, so schwierig sind sie mitunter anzusiedeln. Überalterte Knollen keimen nicht mehr, und das kann man nicht immer vorher sehen. Die sicherste Möglichkeit, das kleine Winterwunder in den eigenen Garten zu holen, ist, einen freundlichen Mitgärtner um eine Scholle mit Winterlingen zu bitten, so dass sie beim Umzug möglichst wenig gestört werden.

Elfenkrokus (Crocus tommasinianus) Seite 91
Gattung: Iridaceae, Zwiebelpflanze
Höhe: bis zu 10 cm
Blütezeit: ab Januar

Der Elfenkrokus ist der ideale Hoffnungsträger für wettergebeutelte und winterfrustrierte Gärtner. Trotz seines ätherischen Namens und der fragilen Blüte ist er robust, zuverlässig und langlebig. Seine amethystblau glänzenden Sternchen können schon kurz nach dem Jahreswechsel erscheinen, und eine Gartensaison, die mit etwas so Schönem beginnt, muss doch einfach wunderbar werden! Crocus tommasianus ist anspruchslos und samt sich gerne aus – wenn er denn einmal in der Erde ist. Das ist der kleine Haken: Seine Zwiebeln sind zierlicher als normale Krokuszwiebeln und sogar etwas kleiner als die der meisten botanischen Arten. Und natürlich sollen sie nie in Reih und Glied und nicht nur im Beet, sondern ebenso naturnah verstreut in Gras und Gehölzrand auftauchen. Das bedeutet viel fummelige Gärtnerarbeit in schlimmstenfalls sehr unwirtlicher Jahreszeit, doch die kleine Zusatzmühe, die Zwiebeln sorgsam zu verteilen, lohnt sich allemal, weil sie sich später so üppig vermehren. Auf den Elfenkrokus ist eben in jeder Beziehung Verlass!

Schneeglöckchen (Galanthus nivalis 'Viridi-apice') Seite 91
Gattung: Amaryllidaceae, Zwiebelpflanze
Höhe: um 10 cm
Blütezeit: Januar – März

Was wär ein Garten ohne Schneeglöckchen? Traurig und unvollständig, eigentlich unvorstellbar. Jeder Botanik-Muffel kennt ihre zierliche, adrette Gestalt, und mit ihrem fast konkurrenzlos frühen Auftritt avancierte die kleine Individualistin zum Star, blühte sich als Inbegriff des ersten Frühlingsboten jahrhundertelang tief in die Herzen der Menschen. Schneeglöckchen sind rührend: Ihre scheinbar so schutzlose

Vielseitige Frühlingsgefühle: Narcissus 'Manly' ...

... Narcissus 'Precocious' ...

... Narcissus 'Ambergate' ...

... und Narcissus 'Avalanche'.

und dennoch strahlende Winzigkeit, einer ungastlichen Umgebung in der hellsten aller Farben trotzend, geht direkt ans Herz. Keine Pflanze symbolisiert wie sie die Wiederkehr des Lichtes, die Hoffnung auf Erlösung von langer Dunkelheit – aber auch die Zerbrechlichkeit jener ersten zarten Hoffnung. So war es kein Wunder, dass die grazile, unschuldsweiße Blume ein Liebling der deutschen Romantik wurde. Doch so romantisch es anmutet, so zäh ist das kleine Amaryllisgewächs. Es bohrt sich zügig durch verharschten Schnee, überlebt Nässe und Minusgrade und hält sich Fressfeinde rigoros mit einem giftigen Alkaloid vom Stängel. Nur eines fällt der kleinen Allround-Überlebenskünstlerin eher schwer: Umziehen. Ihre Zwiebeln treiben oft nur sehr zögerlich wieder aus und brauchen ewig, bis sie Horste bilden. Ganz anders sieht es aus, wenn Galanthus in einem Ballen Erde während oder nach der Blüte versetzt wird. Dann lebt sie sich umgehend und anstandslos ein, und besonders die Sorte 'Viridi-apice', erkennbar an den grünen Flecken an der Spitze der langen äußeren Blütenblätter, ist im Garten überaus dankbar. Natürlich müssen sie alle in Gruppen stehen, über die der Wind hinweggehen und die Glöckchen in weißen Wellen bewegen kann, ähnlich wie in Erich Kästners Gedicht:

„Schneeglöckchen ahnen nun, was sie bedeuten.
Wenn Du die Augen schließt, hörst Du sie läuten."

Tipp: Schneeglöckchen hassen Trockenheit. Wer sie wiedersehen möchte, tut gut daran, ihre Horste in heißen Sommern zu wässern.

Narzisse (Narcissus)
Gattung: Amaryllidaceae, ausdauernde Zwiebelpflanze
Blütezeit: Februar – Mai

Narzissen verdanken ihre Gartenkariere einem ähnlichen Erfolgsgeheimnis wie die Tulpen: Schönheit, Variationsbreite, Robustheit. In einem ist die gebürtige Mittelmeer-Anrainerin der Konkurrenz aus dem Orient jedoch überlegen: Sie ist in unseren Breiten leichter dauerhaft anzusiedeln. Vita Sackville-Wests simples Erfolgsrezept „Einpflanzen und auf Gott vertrauen" reicht tasächlich beinahe aus. Wenn dann auch noch ein mäßig fruchtbarer, gern lehmiger und während der Wachstumszeit feuchter Boden dazukommt, verwildern viele Arten bereitwillig. Sie tolerieren auch Halbschatten und gedeihen daher gut an Gehölzrändern. Narzissenzwiebeln vertragen allerdings kein langes Lagern und sollten möglichst schon im September in die Erde, um vor dem Winter genügend Wurzeln entwickeln zu können.

Narzissen haben die Gärtner von jeher durch ihre fröhliche Bereitschaft fasziniert, mit verblüffend variantenreichen Ergebnissen untereinander zu bastardieren. Das Ergebnis wird heute in 12 Klassen eingeteilt, darunter Große, Robuste wie die populären Osterglocken und Kleine, Zierliche, schwerer zu kultivierende, etwa die bezaubernde Reifrocknarzisse, Narcissus bulbocodium. Auch die traditionell zum Treiben im Zimmer genutzten vielblütigen, betäubend duftenden Tazetten gehören zu dieser Klasse. Sie sind im Garten nicht winterhart.

So schön sie auch in Gesellschaft ist – am liebsten wird die Narzisse solitär, in großen Gruppen ihresgleichen bewundert. Schließlich ist sie nach Narkissos getauft, jenem Jüngling aus der griechischen Sage, dessen egozentrische Eitelkeit die Götter mit ewig unerfüllter, verzehrender Selbstliebe straften: mit Narzissmus. Unter alten Bäumen und mit ein bisschen Wind in den Kronen geben sie ein Bild, allemal schön genug für einen glücklichen Frühjahrsrausch à la Wordsworth: „... and then my heart with pleasure fills and dances with the daffodils".

Schachbrettblume (Fritillaria meleagris 'Alba')
Gattung: Liliaceae, Zwiebelpflanze
Höhe: bis 30 cm
Blütezeit: April–Mai

Dasselbe Schicksal wie die Schlüsselblume erlitt auch Fritillaria meleagris, die Gefleckte Schachbrettblume. Auch sie eine Einheimische, auch sie Opfer moderner Landwirtschaft. Die Schachbrettblume allerdings war immer selten, selbst wenn sie an ihren Wildstandorten in großen Gruppen vorkommt. Heute steht sie auf der Roten Liste gefährdeter Pflanzen. Zum rapiden Niedergang der Reettulpe, wie sie in Norddeutschland heißt, hat aber auch exzessives Blumenpflücken beigetragen. Ein Blick auf die Blüte zeigt, weshalb ihre Schönheit ihr fast zum Verhängnis wurde: Die graziöse, exotische, fast asiatisch fragil erscheinende Anmut der Schachbrettblume hat in der heimischen Flora kaum ihresgleichen. Doch so schwer es auch fallen mag: Hände weg! Kurz abgepflückte Schachbrettblumen sind verloren: Die Zwiebel stirbt ab. Doch auch Fritillaria meleagris ist, glücklicherweise, mit Gartenbedingungen zufrieden und scheint in Kultur sogar weniger anspruchsvoll als im Freileben. Dort eine Pflanze saurer, sonniger Wiesen, nimmt sie im Garten bereitwillig mit Halbschattenplätzen vorlieb. Überdüngung allerdings, vor allem zuviel Kalk oder Stickstoff, verträgt sie auch dort nicht.

Schachbrettblume (Fritillaria persica 'Ivory Bells')
Gattung: Liliaceae, Zwiebelpflanze
Höhe: bis 1,5 m
Blütezeit: Mai

Fritillaria persica ist eine der verblüffendsten Erscheinungen des Frühlingsgartens: Auf einem einzigen Stängel trägt sie bis zu 30 hängende Glöckchen in einem drama-

Exotische Eleganz: Fritillaria meleagris 'Alba'.

Grünweiße Grandezza: Fritillaria persica 'Ivory Bells'.

Zarter Lichtreflex: Aquilegia flabellata ‘Nana Alba’.

tischen, tiefen, fast schwärzlichen Pflaumenblau. Schon die unkonventionelle Erscheinung dieser Wildpflanze aus dem Süden der Türkei ist ein unfehlbarer Blickfang. Noch erlesener und bis jetzt überaus rar ist die weiße Form 'Ivory Bells', die erst vor einigen Jahren erstmals gezogen wurde. Fritillaria persica möchte entsprechend ihrer Herkuft behandelt werden: Ein sonniger, gut drainierter Platz in fruchtbarer Erde ist Bedingung.

Akelei (Aquilegia)
Gattung: Ranunculaceae, kurzlebige Staude
Höhe: bis zu 90 cm
Blütezeit: April–Juni

Akeleien sind die Halbschatten-Pflanzen für alle Fälle. Sie blühen nahezu überall und versamen sich derart, dass ihr ungebremster Expansionsdrang gelegentlich fast lästig werden könnte – hätten sie nicht diese ans Wunderbare grenzende Fähigkeit, immer wieder genau da aufzutauchen, wo sie bis dahin gefehlt haben, wären nicht ihre zarten schmetterlingsgleichen Blüten so charmant, wären nicht all die überraschenden Farben, die sie in freier Liebe hervorbringen, so bezaubernd. Dass die Bestände nach einiger Zeit stark ins Blaue, die Wildfarbe zurückfallen, macht erst recht nichts: Die wildfarbene einheimische Akelei ist die legendäre Blaue Blume der Romantik, und wer Augen hat, zu sehen, der sieht ihr Geheimnis noch heute. Akeleien kann man nie genug haben, und natürlich müssen es nicht nur die robusten Zufallskinder sein. Es gibt inzwischen Züchtungen und Wildarten aller Farben und Größen, darunter ganz exquisite Sorten wie die kleine Aquilegia flabellata 'Nana Alba', eine kleine Japanerin, deren weiße Blüten aussehen wie ein schimmernder Lichtreflex im Frühlingsgarten.

Gefährdeter Frühlingsbote: Primula veris.

Wiesenschlüsselblume (Primula veris) Seite 99
Gattung: Primulaceae, Staude
Höhe: 25 cm
Blütezeit: März–Mai

Die einheimische Wiesenschlüsselblume ist ein trauriges Beispiel für die Schattenseiten moderner Landwirtschaft. War das duftende Himmelsschlüsselchen einst als Frühlingsbote und Heilpflanze in nahezu ganz Europa gleich geliebt und weit verbreitet, so sind seine Wildstandorte heute meist Opfer intensiver Grünlandwirtschaft geworden. Einst konnte Nikolaus Lenau dichten:

„Liebliche Blume
Bist du so früh schon
Wiedergekommen?
Sei mir gegrüßet, Primula veris!
Leiser denn alle Blumen der Wiese
Hast du geschlummert ...“

Inzwischen ist das zierliche Himmelsschlüsselchen leise gestorben, meist unter der Gülledusche, und was stattdessen kommt, ist nur noch Löwenzahn in Monokultur. Glücklicherweise lässt sich die niedliche und gesellige Frühlingsbotin aber bereitwillig im Garten nieder, am liebsten auf feuchtem, aber wasserdurchlässigem Lehmboden.

Tipp: Himmelsschlüsselchen bleiben gern im Rasen und versamen sich da, wenn man mit Stickstoffdüngern sparsam umgeht und ihre flachen Rosetten beim Mähen schont.

Tränendes Herz (Dicentra spectabilis ‘Alba’)
Gattung: Fumariaceae, Staude
Höhe: bis 1,20 m
Blütezeit April–Juli

Tränendes Herz, die alte Bauerngartenstaude, ist so etwas wie der Inbegriff von Garten-Nostalgie und Kindheitserinnerung: altvertraut, ein wenig kitschig vielleicht, aber immer noch anrührend und unverzichtbar. Dicentra, ursprünglich in Sibirien und Nordchina zu Hause, hält sich wunderbar an halbschattigen und sogar fast schattigen Plätzen, benötigt aber recht viel Dünger und Feuchtigkeit. Kein Wunder, kann man der Pflanze doch beim Wachsen im Frühjahr beinahe zusehen. Die dicken, spröden Wurzeln brechen beim Umpflanzen leicht, was nicht immer ein Nachteil sein muss: Ist das abgebrochene Stück groß genug, entsteht umgehend eine neue Pflanze.

Nobler, weniger naiv wirkend als die rosa Ursprungsart, ist die weiße Version, Dicentra spectabilis ‘Alba’. Sie hat nicht nur weiße Rispen, sondern auch hellere, fast limonengrüne Blätter. Auch sie mag zur Blütezeit keine allzu nahe Gesellschaft: Tränendes Herz steht gern so solitär, dass es die eleganten Rispen wie einen weißen Wasserfall herabrieseln lassen kann. Die weiße Form wird nicht ganz so üppig und kann sogar bis Juli blühen, doch zieht auch sie im Hochsommer ein und hinterlässt dann ein deutliches Loch. Nachbarn, die bis dahin aufgeholt haben, sind also von Vorteil. Tränendes Herz ist eine Liebe für fast ein ganzes Gärtnerleben: Die Stauden können uralt werden.

Klassiker, ganz in Weiß: Dicentra spectabilis 'Alba'.

Malen mit Blau-Lila: Hyacinthoides non-scripta, Lunaria annua, Tulipa 'Queen of the Night', Rosenaustrieb ...

... und Chionodoxa gigantea.

Hasenglöckchen (Hyacinthoides non-scripta) Seite 102
Gattung: Hyacinthaceae / Liliaceae, Gruppen bildende, ausdauernde Zwiebelpflanze
Höhe: bis zu 40 cm
Blütezeit: Mai

Mit den kleinen Blauen kann man im Frühlingsgarten malen, besonders dann, wenn sie auch noch so kooperativ und freundlich sind, sich von Jahr zu Jahr reichlicher zu vermehren. Das Hasenglöckchen tut es, wenn auch im Normalgarten leider meist nicht ganz so üppig wie in britischen Laubwäldern, die es, dort als „Bluebell" bekannt, im Frühjahr mit einem blauen Teppich unterlegt. Das, was ein englischer Gartenfreund den „Wow-factor" nennt, haben aber auch kleinere Bestände, so perfekt passt das dunkel gestreifte Mittelblau ihrer Glöckchen zu geschickt gewählter Nachbarschaft, zu blühenden Silberlingen etwa oder zu der fast schwarzen späten Tulpe 'Queen of the Night'.

Silberling (Lunaria annua) Seite 102
Gattung: Brassicaceae, Zweijährige
Höhe: 1 m
Blütezeit: April–Mai

Lunaria annua ist eine unserer ältesten Gartenblumen. Im frühen Mittelalter wurden deutsche Gärten zum ersten Mal nicht nur um des reinen Nutzens willen angelegt und Blumenschmuck wurde modern. Zu dieser Zeit kam der Silberling mit vielen anderen Pflanzen aus dem Mittelmeerraum über die Alpen. Seiner Hartnäckigkeit und seines Verbreitungswillens wegen könnte man fast annehmen, er hätte es aus eigener Kraft geschafft. Auch heute noch ist er oft, als letzter Überlebender uralter Gärten, wieder der erste im Neubaugebiet. Über die Jahrhunderte gab es kaum einen Bauerngarten ohne die violett blühende Pflanze, heute kommt kaum ein Florist ohne die durchscheinend silbrigen Schoten aus, die für Gestecke und als Winterschmuck begehrt sind. Silberlinge sind immer für einen hellvioletten Farbtupfer gut. Wo man sie nicht in großer Zahl möchte, sollte man sie nach der Blüte vorsichtshalber entfernen.

Schneeglanz (Chionodoxa gigantea) Seite 103
Gattung: Hyacinthaceae, ausdauernde Zwiebelpflanze
Höhe: 15 cm
Blütezeit: März–April

Auch Chionodoxa gehört zu den ebenso unkomplizierten wie vermehrungsfreudigen kleinen blauen Frühjahrs-Zwiebelpflanzen, die besonders in größerer Zahl wunderbare Bilder abgeben können. Ein garantiertes Erfolgserlebnis, auch wenn der britische Autor Beverley Nichols es als Garten-Anfänger nicht glauben mochte. Er füllte, nachdem er im Herbst gleich einen ganzen imaginären Wasserfall aus Schneeglanz-Zwiebeln gesteckt hatte, monatelang sein Tagebuch mit Winterfrust-Notizen wie: „Keine Anzeichen von Chionodoxa. Meine Haare werden grau ...", bis, endlich, alle Träume Wirklichkeit wurden: „Ach, es hat sich doch gelohnt, so lange zu warten. Das himmlischste Blau! Das Blau eines Kirchenfensters an einem kalten Frühlingsmorgen, wenn die Sonne hindurchscheint und die Stare ihre schrillen Stimmen draußen erschallen lassen. Aber ich darf nicht weiter so dummes Zeug schreiben." Natürlich ist so etwas, wie kluge Gärtner sehr wohl wissen, mitnichten dummes Zeug. Es ist stattdessen ein ungemein erstrebenswerter Geisteszustand: eine Überdosis Frühling!

Wie ein Aquarell: Primula vulgaris.

Kissenprimel (Primula vulgaris) Seite 105
Gattung: Primulaceae, krautige Staude
Höhe: bis zu 20 cm
Blütezeit: Februar–Mai

Das Leben der meisten Primeln ist kurz und paradox: Nicht lange nach Weihnachten erscheinen sie in den Supermärkten und Gartencentern, gekleidet in die Modefarben der kommenden Saison, perfekter Köder für Grünabhängige mitten im winterlichen Entzug und Grau-gestreßte Stadtmenschen gleichermaßen. So werden sie begeistert gekauft und verschenkt, als erster, billiger Farbtupfer – und meist ebenso schnell wieder weggeworfen. Im warmen Zimmer nämlich gehen sie ein wie die sprichwörtliche Primel. Doch auch wenn sie inzwischen zur Wegwerfware degradiert wurde, ist Primula vulgaris, schon ihres großen Spektrums an attraktiven Farben wegen, im Frühlingsgarten unentbehrlich. Für draußen gibt auch heute noch weniger aufgeblähte, dafür aber haltbarere Züchtungen, darunter die hellgelbe Wildform oder Primeln mit mehrfarbigen Blüten, die aussehen wie verwaschene Aquarelle. Sie alle mögen lichten Gehölzschatten und humusreichen, feuchten Lehmboden. Sonne vertragen sie nur, wenn der Standort auch im Sommer leicht feucht ist.

Blauer Eisenhut (Aconitum napellus)
Gattung: Ranunculaceae, Staude
Höhe: bis 1,5 m
Blüte: Hochsommer–Spätherbst

Das Spiel von Licht und Schatten auf dem pittoresken Austrieb des Blauen Eisenhut ist eine ganz spezielle Frühjahrsfreude mit einem ganz speziellen Gartengast. Selbst Botanikmuffel unter Harry-Potter-Fans kennen ihn, seit Severus Snape, der sinistre Meister der Zaubertränke, den armen Harry schon beim ersten Zusammentreffen mit der Frage attackierte: „Was ist der Unterschied zwischen Eisenhut und Wolfswurz, Potter?“ Harry ahnte nicht, dass es keinen geben kann, weil es sich um dieselbe Pflanze handelt, und Snape versetzte seinem Opfer mit den mittlerweile geflügelten Worten den Gnadenschuss: „Clearly fame isn't everything, is it Mister Potter?“

Der Eisenhut allerdings verdient seinen Ruhm: Er ist die giftigste Pflanze Europas, schon der Verzehr weniger Gramm kann tödlich sein. Ihrer erstaunlichen, unheimlichen Kräfte wegen sind Giftpflanzen der Menschheit seit Urzeiten eng verbunden. Sie haben geheilt und getötet, sie faszinieren und ängstigen, sie sind fast sichtbar von Geschichte und Mythos umrankt und deshalb auch aus der Literatur nicht wegzudenken – von der Antike bis hin zu Harry Potter. Diese ambivalente Vergangenheit, diese geheimnisvolle Aura von Macht und Gefahr, Magie und Kultur, diese verblüffenden Fähigkeiten, die so weit über ihren rein optischen Reiz hinausgehen, machen sie auch im Garten zu ganz großen Pflanzenpersönlichkeiten, zu hervorstechenden Individuen. Erst recht dann, wenn sie dazu auch noch derart prächtig aussehen wie der Eisenhut. Was mehr kann man von einem wahren Highlight erwarten?

Im Garten, weitab aller undurchschaubaren Zaubertrankmeister, sind Giftpflanzen übrigens wesentlich harmloser als ihr Ruf. Sie springen nicht aus den Rabatten und attackieren, was immer ihnen über den Weg läuft. Sie wehren sich normalerweise nur, wenn sie angegriffen, sprich: verletzt oder gar verzehrt werden. Informierte Gärtner, die nicht dazu neigen, alles im Beet wahllos anzuknabbern, haben von ihnen wenig zu befürchten. Sie überängstlich zu meiden, ist völlig unnötig, um ihr Achtung gebietendes Potenzial zu wissen und sie mit entsprechender Umsicht zu behandeln, genügt: Der alltägliche Umgang mit Giftpflanzen, im Zweifelsfall immer mit Handschuhen, ist risikoloser als der mit einer hochgerüsteten Rose. Für kleine Kinder und Haustiere allerdings sieht das anders aus. Da muss man sorgfältig abwägen, was schwerer wiegt: Schönheit oder Gefahr.

Tödliche Schönheit: Aconitum-Austrieb.

Trichterfarn (Matteuccia struthiopteris)
Gattung: Dryopteridaceae, Laub abwerfender Farn
Höhe: bis 1,70 m

Farne gehören zu den imposantesten grünen Pflanzengestalten. Sie sehen aus wie die lebenden Anachronismen, die sie als Sporen bildende höhere Pflanzen auch sind, fremd und faszinierend zugleich. Immer wirken sie ein wenig deplaciert im Hier und Jetzt, immer scheint sie ein Hauch weit entfernter Erdzeitalter zu umwehen. Sie sind ein reizvoller Kontrast zu Blütenpflanzen, eine Kombination mit ihnen lebt immer vom Gegensatz. Besonders malerisch ist der Frühjahrs-Austrieb des Trichterfarns, wenn er die gefiederten großen Wedel gravitätisch aus der Rosette entrollt und sie dabei aussehen wie ein grüner Bischofsstab. Trichterfarn gedeiht fast überall und ist wartungsfrei. Eine Idealpflanze also, wäre da nicht sein ausgeprägter Hang zu stiller, aber um so effzienterer Expansion. Er treibt aus kriechenden Rhizomen ganze Kolonien, und werden diese Rhizome nicht beizeiten entfernt, werden sie erstaunlich schnell erstaunlich stabil. Unaufmerksame Gastgeber haben bald viel mehr Trichterfarn, als ihnen lieb ist – und in diesem Stadium gibt er nicht mehr ohne zähen, hinhaltenden Widerstand auf. Warum sollte er auch? Schließlich hat er schon ganz andere ausgesessen als verärgerte Gärtner. Die Dinosaurier zum Beispiel.

Kaukasus-Beinwell (Symphytum grandiflorum)
Gattung: Boraginaceae, Staude
Höhe: bis 60 cm
Blütezeit: Mai – Juni

Beinwell ist ein perfekter Partner für die großen, aggressiven Farne. Auch er besiedelt zuverlässig noch hoffnungslose Plätze, auch er ist ziemlich wartungsfrei,

Ganz großer Auftritt: Matteuccia struthiopteris und Symphytum grandiflorum.

Skulpturen aus Grün und Licht: Austrieb von Hosta 'Big Daddy' ...

... und Hosta 'Undulata'.

Das blaue Wunder des Himalaya: Meconopsis betonicifolia.

und vor allem ist auch er von einer Vermehrungsfreude, die ihresgleichen sucht und unangenehm an Giersch erinnert: Aus jedem kleinen Wurzelstück entstehen neue Pflanzen. An einem sorgfältig gewählten Platz, an dem er die Rangordnung mit ähnlich rabiaten Wucherern, etwa mit kräftigen Geranium-Arten, auskämpfen kann, ist Beinwell jedoch ein sehr dankbarer, lange blühender Bodendecker für schwierige Lichtverhältnisse. Die borstigen Blätter sollte man besser mit Handschuhen ernten: Sie können böse Hautreizungen verursachen.

Tipp: Beinwellblätter ergeben eine hervorragende kalihaltige Pflanzenjauche als Flüssigdünger etwa für Rosen.

Tibet-Scheinmohn (Meconopsis betonicifolia)
Gattung: Papaveraceae, kurzlebige Staude
Höhe: 90 cm – 2 m
Blütezeit: Frühsommer

Meconopsis ist ein Geheimnis im Garten. Der Anblick des metallisch schillernden, irisierend kühlen Blaus seiner Blüten lässt sich mit keiner anderen Pflanze vergleichen, höchstens vielleicht mit Eisvogelschwingen oder den Flügeln tropischer Schmetterlinge. Um so verblüffender und betörender, weil diese frappierende Farbe auch noch im Gewand scheinbar vertrauter Mohnblüten daherkommt.

Der legendäre „Blaue Mohn vom Himalaya", dessen Einführung in europäische Gärten 1924 eine Riesensensation war, gedeiht in seiner Heimat Tibet, China und Burma in lichten Waldregionen und feuchten, schattigen Wiesen in Höhenlagen zwischen 3000 und 4000 Metern. So braucht er, um sich im Garten wohlzufühlen, unbedingt einen kühlen, feuchten Standort in saurer Erde. Ist der Untergrund auch nur leicht alkalisch, verblasst seine betörende Blütenfarbe zu einem schmuddelig wirkenden Lavendelblau. Meconopsis kann kurzlebig sein und sich schon nach einer Blüte verabschieden, vor allem, wenn er in stark gedüngter Erde steht. Unter perfekten Bedingungen allerdings wird er erheblich älter. Er lässt sich, vor allem direkt nach der Samenreife, relativ einfach aus Samen vermehren. Die zarten Jungpflanzen sind jedoch sehr anfällig für Pilzkrankheiten.

Besonders gut gedeiht Meconopsis betonicifolia am Rand von Rhododendronbeeten, und das ist kein Zufall: Auch Rhododendron stammt aus dem Himalaya und benötigt sehr ähnliche Bedingungen. Zu dicht auf die Blätter rücken sollte er dem blauen Wunder allerdings nicht. Die majestätische Staude möchte keinesfalls von allzu enger Gesellschaft bedrängt werden. Wind mag sie auch nicht. Ansonsten ist das Prachtstück ein Lichtblick für wettergebeutelte Norddeutsche: Es bevorzugt, anders als die meisten Gärtner, sehr kühle und nasse Sommer.

Funkie (Hosta) Seite 109
Gattung: Hostaceae, Gruppen bildende Staude
Höhe: bis 80 cm
Blütezeit: Frühsommer – Sommer

Wenn irgendeine Staude den ganz großen Frühjahrs-Auftritt zu bieten hat, dann ist es die Funkie. Eigentlich versteht sich das von selbst, denn auch wenn ihr alter deutscher Name Herzblattlilie lautet, so wird sie doch nicht ihrer Blüte, sondern vor allem ihrer dekorativen Blätter wegen engagiert. Die Funkie scheint zu wissen, was sie ihren Gärtnern da schuldig ist: Am Anfang des Spektakels steht stets dramatische Verzögerung: Kommt sie – oder kommt sie nicht? Funkien treiben so spät, dass sie zur Verzweiflung treiben – und dann mit wunderbaren Bildern wieder versöhnen können. Aus den ersten Spitzen entrollen sich über Tage tütenförmige Blätter mit ausgeprägter Querrippe. Leider sind auch sie, wie so vieles vom jungen Grün, bei Schnecken ebenso populär wie bei Gärtnern.

Purpurfarbener Teppich: Oxalis triangularis 'Mijke'.

Sauerklee (Oxalis triangularis)
Gattung: Oxalidaceae, Rhizom bildende Staude
Höhe: 20 cm
Blütezeit: Frühling–Sommer

Im Gegensatz zur überwältigend majestätischen Päonie sind einige Oxalis-Arten eher unauffällige Glücksbringer, so zum Beispiel der vierblättrige Glücksklee. Andere, etwa der dunkelpurpurrote Oxalis triangularis aus Brasilien, machen dagegen durchaus Effekt, und das gleich in doppelter Hinsicht: Das ungewöhnlich gefärbte Laub des Bodendeckers zieht Aufmerksamkeit auf sich und setzt Akzente, und seine Ausbreitungsgeschwindigkeit ist phänomenal. Deutlich gesagt: Oxalis triangularis neigt zum Wuchern, aber normalerweise nur einen Sommer. Mehr als leichten Frost übersteht das Rhizom nicht. So ist er besser im Schutz und der Begrenzung einer Schale aufgehoben und darin immer ein effektvoller Terrassenschmuck.

Rose (Rosa)

Rosen lieben Sonne, Gärtner lieben Rosen – und genau da liegt oft das Problem. Nicht jeder Garten kann der schönsten aller Blumen ideale Bedingungen bieten, aber wer mag schon auf sie verzichten? Besonders auf die attraktiven Neuzüchtungen der letzten Jahre? Der Trend bei Rosen geht zu Opulenz rundum: üppige, füllige Blüten, ungewöhnliche Farben und Farbkombinationen – und vor allem viel Duft. Nicht nur ein leichter Apfelgeruch, der sich im Vorübergehen nur mit viel gutem Willen wahrnehmen lässt, sondern Wolken schweren, vollen Alte-Rosen-Odeurs. Rundum sinnliche Pflanzen also, und genau so sind sie auch getauft worden: Die französischen Delbard-Rosen, die in Deutschland Karriere gemacht haben, heißen nach Dichtern, Malern oder auch großen Chefs de Cuisine. Ihr Bouquet ist, so heißt es, eigens von den erlesenen Nasen der Duftexperten aus Grasse getestet worden. Die großen deutschen Züchter Kordes und Tantau setzen Trends mit Märchen- und nostalgischen Rosen an. Blüten zum Träumen – doch ohne einen geeigneten Standort sollte es besser dabei bleiben. Auch wenn einige dieser Schönheiten recht robust sind, möglichst viel Sonne brauchen sie alle, schon, damit sich ihr Duft wirklich entfalten kann.

Glücklicherweise gibt andere attraktive Rosen, die Halbschatten zumindest tolerieren und es auch bei unter vier Sonnenstunden am Tag noch zu einer akzeptablen Blüte bringen. Darunter sind etwa Hybriden von Rosa moyesii, einem großen, robusten, ursprünglich rotblühenden Strauch aus Westchina. Rosa-moyesii-Kreuzungen gehören zu den schönsten, ausdauerndsten, reichblühendsten großen Strauchrosen. Unter ihnen ist die legendäre cremeweiße 'Nevada' (Seite 114), die nicht nur mit sehr frühen, halb gefüllten Blüten besticht, sondern auch leicht nachblüht und sich später mit wunderschönen Hagebutten bedeckt. Soll sie in Form bleiben, muss das alte Holz regelmäßig entfernt werden.

Mehr Blüten als Blätter: Rosa moyesii-Hybride 'Nevada'.

Jadegrüne Kuriosität: Rosa chinensis 'Viridiflora'.

Zart, aber robust: Rosa pimpinellifolia-Hybride 'Frühlingsmorgen'.

Opulent und sinnlich: Edelrose 'Augusta Luise'.

Auch Rosa pimpinellifolia, die Schottische Rose, ist ideal für weniger ideale Bedingungen. Sie bleibt weitaus niedriger, ist auch für karge Böden oder als Bodendecker geeignet. Wildform und Hybriden blühen früh im Jahr in überhängenden Kaskaden. Einige der Hybriden, etwa die 1941 auf den Markt gebrachte 'Frühlingsmorgen' blühen nach. Später in der Saison sind sie ohnehin ein ungewöhnlicher Blickfang: Ihre Hagebutten sind schwarz. Ein wehrhafter Gigant ist Rosa chinensis, eine Wildart, die als Vorfahre von Teehybriden und Floribunda-Rosen Gartengeschichte machte. Sie hat eine weniger schöne als aparte Variante zu bieten: Rosa chinensis 'Viridiflora' trägt fransige Blüten in völlig rosen-unüblichem bräunlichem Hellgrün. Angeblich ist diese Kuriosität schon seit 1843 in Gärten bekannt.

Duftender Malertraum: Delbard-Rose ‘Henri Matisse’.

Zierde des Kaiserreiches: Paeonia suffruticosa 'Belle d'Orleans'.

Paeonia suffruticosa.

Strauchpäonie (Paeonia suffruticosa)
Gattung: Paoniaceae, Laub abwerfender Strauch
Höhe: bis über 2 m
Blütezeit: Spätfrühling – Frühsommer

Die gute Nachricht zu Beginn: Die Blume der chinesischen Kaiser ist nicht so heikel wie ihr Ruf. Strauchpäonien, in China seit über 2000 Jahren in Kultur, sind durchaus bereit, auch bürgerliche Verehrer ihrer exquisiten Schönheit teilhaftig werden zu lassen, wenn die nur einige unumstößliche Regeln der Etikette beachten. Regeln, die im übrigen auch für die ebenfalls sehr vornehme Verwandtschaft gelten: für Paeonia lactiflora, die chinesische Staudenpäonie oder Edelpäonie und deren Hybriden. Da ist zunächst der Standort: Vor kaltem Wind muss sie unbedingt geschützt sein, eine Mauer im Rücken wäre von Vorteil. Die Erde sollte fruchtbar, feucht, aber wasserdurchlässig sein. Gepflanzt wird am besten im Frühherbst, damit die Pflanze vor dem Winter Wurzeln bilden kann. Die Veredlungsstelle gehört bis zu 15 cm tief in den Boden, so dass die Pflanze im Laufe der Zeit eigene Wurzeln bilden und die Amme später abstoßen kann. Die Nährstoffansprüche sind hoch, aber zuviel Stickstoff fördert die Pilzanfälligkeit. Ganz wichtig: In den ersten Jahren muss der junge Austrieb vor Frost und kaltem Wind geschützt werden, vor allem, wenn sich die Päonie von wechselhaftem Vorfrühlingswetter zu einem Frühstart verführen lässt. Später ist der Strauch vollkommen winterhart, seine zerbrechlichen Triebe sollten aber vor zu großer Schneelast gesichert werden, Zusammenbinden reicht. Dann bedarf es nur noch einiger Jahre liebender Geduld, bis die Neuerwerbung sich soweit eingewöhnt hat, dass sie bereit ist, ihre Blütenpracht zu zeigen. Garten heißt nun einmal Warten,

Noble Kelche: Paeonia-Hybride 'Wladyslawa'.

Paeonia-Hybride 'Coral Charme'.

aber jede Mühe lohnt sich hier ebenso wie die teils hohen Kosten für erlesene Sorten. Letztere sind in Wirklichkeit eher gering, denn es ist eine Investition auf ganz lange Sicht: Die Strauchpäonie, einmal angewachsen, wird nicht nur über ein ganzes Gärtnerleben immer schöner, sie kann ihren Besitzer auch gleich um viele Jahrhunderte überleben. Ältere Exemplare vertragen sogar kräftige Rückschnitte, leichtes Stutzen geschieht am besten direkt nach der Blüte. Öffnet die Päonie im Juni ihre zarten, duftigen und knittrigen Blütenkelche, lässt sich jedes Jahr neu nachempfinden, welche Sensation diese „Rose ohne Dornen“ bei ihrer Einführung im 18. Jahrhundert für Europas Gärtner gewesen sein muss. Die allerdings wurden mit der neuen Modepflanze zuerst nur selten richtig glücklich. Angepasst an das trockene chinesische Klima war sie den Regenmassen Nordeuropas nicht gewachsen, und nur zu oft sank die ganze Frühlingshoffnung mit ihren gefüllten Blütenköpfen verfault dahin. Das ist ohnehin der einzige wunde Punkt der sonst so gesunden Päonien: sie sind anfällig für Fäulnis und Pilzkrankheiten wie Grauschimmel und Päonienrost, die in übergroßer Nässe leider wesentlich besser gedeihen als ihre Wirtspflanze. Vorbeugen lässt sich da mit sorgfältiger Standortwahl, Verzicht auf stickstoffbetonte Dünger und Umsicht bei der Pflege: Niemals auf die Blätter gießen, im Herbst so tief wie möglich ausschneiden, Verblühtes sorgfältig entfernen und natürlich Befallenes sofort tief ausschneiden und vernichten. Heute gibt es besser angepasste Sorten, deren einfache oder halb gefüllte Blüten mit unserem Klima besser zurechtkommen. Sie stammen vor allem aus Japan, wo die schlichte, noble Form der Blüte traditionell der fast überquellenden Üppigkeit der chinesischen Gefüllten vorgezogen wurde. Welch hoher Respekt all den Päonien auch heute noch in ihrer asiatischen Heimat gezollt wird, lässt sich schon aus den klangvollen, poetischen Sortennamen ersehen, darunter: 'Die Kraniche ziehen', 'Goldener Tempel' oder 'Weißer Löwe'.

Schaumiges Highlight: Hydrangea arborescens 'Annabelle'.

Angesichts der delikaten, durchscheinenden und ach so vergänglichen Schönheit etwa einer 'Belle d'Orleans' kann man die Kaiserin Wu verstehen, die der anbetungswürdigen Glücksblume, Symbol für vollerblühte Weiblichkeit, Frühling und Reichtum gleichermaßen, sogar einen Adelstitel verlieh: „Dame des Staates Wei, Zierde des Kaiserreiches und Schönste im Land".

Waldhortensie (Hydrangea arborescens 'Annabelle')
Gattung: Hydrangeaceae, Laub abwerfender Strauch
Höhe: bis 2,50 m
Blütezeit: Hochsommer

Der botanische Name aller Hortensien deutet ihre Ansprüche schon ungewöhnlich deutlich an: „Hydrangea" bedeutet „Wasserschlürferin". Das allzeit durstige Gewächs steht am besten auf lockerem, humus- und nährstoffreichem, feuchtem, leicht saurem Untergrund, für die Topfkultur in Rhododendronerde. Ein perfekter Standort für die großen, gern als Solitär lebenden Gartenhortensien ist der lichte Schatten eines Baumes, zumal sie feuchte Luft besonders lieben. Hortensien wurden vor gut 200 Jahren aus China und Japan eingeführt, sind, vom Pflanzjahr abgesehen, in unseren Breiten vollständig winterhart und können sehr alt werden. Ihr attraktiver großer Blütenstand ist eigentlich eher eine Mogelpackung: Er besteht größtenteils aus sterilen Randblüten, die echten Blüten stehen zart und unauffällig in der Mitte. Die Form reicht von schlicht bis spektakulär: Hortensien blühen als Teller, Pyramiden oder halbrunde Schirme, besonders auffällig sind die großen, vollen Bälle einiger Gartenhortensien.

Selbst unter diesen prachtvollen Sträuchern ist die exquisite 'Annabelle' ein echtes Highlight, und das wortwörtlich: Ihre riesigen weißen, schneeballartigen Blütenbälle, die im Frühsommer den ganzen Busch bedecken, fangen und reflektieren selbst noch an trüben Tagen Licht und glänzende Helligkeit. Darüber hinaus ist 'Annabelle' ungewöhnlich robust und vielseitig und zusätzlich eine Ausnahme von der Hortensienregel: Halbschatten über den ganzen Tag bekommt ihr zwar gut, aber sie liebt, in Maßen, auch Sonne, vor allem am Morgen. Je mehr sie davon bekommt, desto besser blüht sie, nur allzu brennend darf die Sonneneinstrahlung nicht sein, sonst können ihre Blätter Flecken bekommen. Genug Feuchtigkeit ist auch bei ihr ein Muss, ansonsten kann sie ohnehin kaum etwas vom Blühen abhalten, nicht einmal Zurückfrieren in harten Wintern. Im Gegensatz zu vielen anderen Hortensien kann die große Weiße vor dem Austrieb bis zum Boden zurückgeschnitten werden: Sie blüht auf Trieben, die im Frühjahr gebildet werden. Das einzige, was dieser sehr wuchsstarke, gut für kühle Klimazonen geeignete Strauch benötigt, ist Halt für die schweren Blütenbälle, besonders bei Regen und Wind.

Russisches Mädesüß (Filipendula palmata elegantissima) ***Seite 123***
Gattung: Rosaceae, Rhizomstaude
Höhe: 35 cm
Blütezeit: Mittsommer

Das niedrige, tiefrosa blühende Filipendula palmata elegantissima ist eine Rarität, eine kleine, farbige Verwandte des gewöhnlichen Mädesüß. Wie dieses blüht es in fedrigen, stark an Spiräen erinnernden Schirmrispen, wie dieses liebt es feuchte Standorte, etwa an Uferböschungen oder ausgewildert in Gehölzgärten.

Durstiges Prachtstück: Hydrangea macrophylla.

Kleine Rarität in Pink: Filipendula elegantissima.

Chinesische Wiesenraute (Thalictrum delavayi)
Gattung: Ranunculaceae, Rhizom bildende Staude
Größe: bis 2,50 m
Blütezeit: Juli – August

Die Blüten der Chinesischen Wiesenraute scheinen nicht zu wachsen, sie scheinen zu schweben. So grazil sind die Stängel, so zart die ganze Erscheinung der hohen Staude, dass ihre Glöckchen bei jedem Luftzug wie ein pink-violetter Dunst rund um ihre Pflanzpartner wehen. Thalictrum wird zwar bis zu 2,50 Meter hoch, ist aber nicht standfest. So ist es eine ideale Zwischenpflanzung, im unteren Bereich von Kletterpflanzen ebenso wie im Hintergrund von Staudenbeeten. Es dominiert nie, es verdrängt nicht, es webt sich regelrecht ein. Ausgewachsene Exemplare sind auch eine wunderbare Ergänzung für die unteren Etagen von Bäumen oder Sträuchern. Das ist um so passender, als Wiesenrauten auf Halbschatten angewiesen sind, da zuviel Sonne ihre Blätter vergilben lässt. Thalictrum delavayi gedeiht am besten auf nährstoffreichen, leicht sauren Böden und ist daher auch ideal für halbwilde Waldrandgärten oder Gärten im Cottage-Stil. Neben der federleichten Blüte ist auch das ebenfalls zarte, gefiederte Laub immer ein Blickpunkt. Auch einheimische Wiesenrauten bestechen mit besonders schönen Blattformen.

Tipp: Thalictrum und Clematis sind ideale Partner und ermöglichen nahezu jede Farbkombination.

Schaum über zarten Blättern: Thalictrum aquilegifolium 'Album'.

Schwebende Blütenfülle: Thalictrum delavayi.

Flammendes Finale: Amelanchier lamarckii, Cornus florida, Parthenocissus tricuspidata, Canna und letzte Sommerblumen.

Felsenbirne (Amelanchier lamarckii)
Hartriegel (Cornus florida)
Wilder Wein (Parthenocissus tricuspidata)
Blumenrohr (Canna)

Es geschieht alle Jahre wieder – und es ist doch immer wieder unglaublich. Einen ganzen Sommer lang haben unkomplizierte, unspektakuläre Pflanzen wie der Wilde Wein oder die Felsenbirne unauffällig ihre grünen Blätter getragen. Bis ein paar kalte, möglichst sonnige Herbsttage alles verändern, bis das Chlorophyll zerfällt, Xanthophylle und Carotine übernehmen, die vertrauten Bilder sich jäh verwandeln und die gewohnten Gehölze kaum noch wiederzuerkennen sind. Beim Spaziergang durch den botanischen Garten sind ein paar dendrologische Grundkenntnisse jetzt durchaus von Nutzen, um all die neu gekleideten Bekannten wiedererkennen zu können. Sonst kann es einem unversehens ergehen wie Monty Pythons legendärem Robin-Hood-Verschnitt Dennis Moore, der sich bei einem Überfall mit seinen Opfern derart heillos in eine Diskussion über die Unterschiede zwischen Ulme, Weißbuche und Weide verstrickte, dass er schließlich energisch zum Zweck des Zusammentreffens zurückkehren musste: „Shut up! Das ist ein Überfall und keine Botanikstunde!"

Ganz so dramatisch geht es im herbstlichen Garten nicht zu, aber immer noch dramatisch genug – zumindest dann, wenn wenigstens ein paar Garanten für herbstliche Farbenpracht unversehens aus der Kulisse treten. Da ist vor allem die Felsenbirne, Amelanchier, in ihren verschiedenen Arten. Die gebürtige Amerikanerin ist in ihrer Heimat maßgeblich am legendären Indian Summer beteiligt. Die Felsenbirne gedeiht im Garten gut im Halbschatten, blüht dort als einer der ersten Sträucher überhaupt und liefert zuverlässig ihre nach Rosinen schmeckenden Früchte.

Der Inbegriff des Herbstes: Acer palmatum dissectum.

Die Frage ist allerdings immer, wem: Amseln sind genauso scharf darauf wie Gärtner. Auch an halbschattigen Plätzen verfärbt sie sich, für die ganz große Pracht allerdings braucht sie volle Sonne. Ebenso der Wilde Wein, ein unkomplizierter, sehr wuchsfreudiger Selbstklimmer, der zwar noch im tiefen Schatten überleben kann, dessen berühmte Rotfärbung aber von der Sonneneinstrahlung abhängt. Perfekt wird die Komposition, wenn ihr auch noch letzte Blumen mit einigen Tupfern Rot Glanzlichter aufsetzen.

Japanischer Ahorn (Acer palmatum dissectum) Seite 127

Der verfärbte Ahorn ist der Inbegriff des Herbstes. Marion Gräfin Dönhoff beschrieb in ihrem „Ritt durch Masuren“ die unverhoffte Begnung mit seiner vollendeten Schönheit: „Und dann steht plötzlich ein riesiger, goldgelber Ahorn vor uns. Er steht auf einem leicht gewölbten Hügel, vor dem leuchtend verklärten Himmel: Anfang und Ende, Erfüllung und Sehnsucht, Frage und Antwort, alles zugleich. Er steht dort wie der Baum der Erkenntnis.“

Leider reicht der Gartenplatz selten für einen derart unvergleichlichen großen Solitär, doch auch Acer palmatum, der Japanische Fächerahorn, bietet das typische Spektrum wunderbarer Feuerfarben von Hellgelb bis Tiefrot. Er gedeiht, seines langsamen Wuchses wegen, auch lange im Kübel, steht ebenso gern als Solitär wie die große Verwandtschaft und besonders gern auf Gras, dessen Grün als Komplementärfarbe das herbstliche Rot seiner feinziselierten, gezahnten Blätter noch mehr hervorhebt. Viel Sonne bringt eine brillante Laubfärbung, ebenso ein nährstoffarmer, lehmig-sandiger, tiefgründiger, lockerer, nicht zu alkalischer Boden. Kulturformen sind oft eher buschig und erlauben mit ihren runden Kronen auch in kleineren Gärten vollkommene Herbst-Augenblicke. Ganz so anspruchslos wie die Felsenbirne ist der japanische Ahorn allerdings nicht. Er hasst kalten Wind, und sein junger Austrieb verträgt keinen späten Frost. Vor dem Winter sollte er sorgfältig gemulcht werden. Außerdem hat er eine ausgeprägte Abneigung gegen allzu vertraulichen Umgang mit Haustieren. Sprich: an einer Überdosis Hundeurin geht er ein.

Rose (Rosa) Seite 130

Rosen sind nicht nur die unbestrittenen Königinnen des Sommergartens. Auch im Herbst gehören viele von ihnen zu den größten Highlights, die ein Garten bieten kann: die nämlich, die sich reichlich mit leuchtendroten Hagebutten schmücken. Das sind leider nicht alle: Vielen Edelrosen, vor allem den gefüllten, wurde der Drang zur Frucht vollständig weggezüchtet, damit sie mehr Kraft in die Blüte stecken können. Die meisten alten Rosen jedoch, viele Rambler und alle Wilden haben's immer gewusst: ohne Hagebutten kein Herbstgarten. Die leuchtendroten Früchte sind sehr gesund, wenn auch, zugegeben, das Verarbeiten zu den nicht eben wellnessfördernden Gärtneraufgaben gehört: Hagebutten bestehen vor allem aus feinen Härchen und Kernen und waren nicht umsonst bei Kindern jahrhundertelang als „Juckpulver“ unangenehm populär. Wer sich also entschließt, die herbstliche Zierde den Vögeln zu überlassen, macht vielleicht die weitaus angenehmere Erfahrung. Die verschiedenen Hagebutten sind überaus dekorativ – von den Kaskaden kleiner korallenroter Perlen, die Rambler von Pergolen und Bäumen herbfallen lassen, über die schmalen, leuchtenden Früchte der Rosa-canina-Arten bis hin zu den prallen, dicken, großen Kugeln der Rugosa. Selten, nach sehr warmen Sommern, schiebt die eine oder andere Wildrose sogar noch eine einzelne, allerletzte Blüte zwischen die glänzenden Kugeln. Hagebutten halten sich bis weit in den Schnee und können selbst dem düstersten Wintertag noch ein wenig Fröhlichkeit verleihen. Wenn der Frost sie weich gemacht hat, sind sie bei vielen Vögeln ein derart begehrtes Futter, dass sie sehr ansehnliche Gäste in den Garten locken, vom simplen Grünling bis hin zu, eher selten, einem Schwarm Seidenschwänze aus dem hohen Norden. Wenn das kein Garten-Highlight ist, dann gibt es keine!

Rosenpracht, die Zweite: Hagebutten.

Seltener Anblick: Rosa virginiana mit Blüte und Hagebutten.

Herbstzeitlose (Colchicum autumnale)
Gattung: Colchicaceae, Knollenpflanze
Höhe: bis 18 cm
Blütezeit: August – Oktober

Colchicum ist eine Pflanze offener Wiesen und Berghänge und bevorzugt volle Sonne, akzeptiert jedoch schattigere Standorte, etwa unter Bäumen. Wenn ihre Blüten auch einem Krokus ähneln, ihr Lebenszyklus verläuft völlig anders. So anders, dass sie einst „Filius ante patrem", Sohn vor dem Vater, genannt wurde. Im Frühjahr erscheinen, zusammen mit den schmalen, auffallend groß werdenden Blättern, die „Söhne", die Fruchtstände des Vorjahres. Der „Vater", die Blüte folgt dann im Spätsommer. Herbstzeitlosen gehören in die Klasse der wirklich gefährlichen Gartengäste: Alle ihre Pflanzenteile sind stark giftig. Aus ihnen wird das Alkaloid Colchicin gewonnen, das wirksam gegen Entzündungen ist, darüber hinaus die Zellteilung hemmt und daher hochwirksame Medikamente ergibt. Auch im Rohzustand ist die Pflanze unangenehm effizient: In letzter Zeit hat es mehrere schwere Vergiftungsfälle gegeben, weil Bärlauch-Sammler statt des Ziels ihrer Begierde Herbstzeitlose-Blätter verzehrt haben. Für diesen Missgriff muss man allerdings botanisch wie kulinarisch gleichermaßen unbedarft sein: Die großen, grundständigen Blätter der Herbstzeitlose, die auch noch im Büschel eine Samenkapsel umhüllen, haben mit den gestielten, knoblauchduftenden Einzelblättern des Bärlauchs nicht nur kaum Ähnlichkeit, sie sind auch noch vollkommen geruchlos. Gärtner bringen da mit Sicherheit mehr Urteilsvermögen auf, dennoch sollten auch sie besser vorsichtig sein. Sogar getrocknet ist die Herbstzeitlose noch stark toxisch, selbst kleinste Teile im Heu können noch schwere Vergiftungen bei Haustieren verursachen.

Schön und giftig: Colchicum autumnale.

Kühle Eleganz: Helleborus argutifolius und Hydrangea arborescens 'Annabelle'.

Korsische Nieswurz (Helleborus argutifolius)
Gattung: Ranunculaceae, Staude
Höhe: bis 1,2 m
Blüte: Spätwinter–frühes Frühjahr
Hydrangea arborescens 'Annabelle'

Der erste Frost ist die letzte große Zeit der harten Blattschmuckstauden, deren Laub in kühlen, grünweißen Bildern vergeht. Helleborus argutifolius, die Korsische Nieswurz, ist besonders stabil. Fällt sie der Kälte dann zum Opfer, ist es ein tröstlich schönes Ende – und in ihrem Fall eine kurze Trennung: Schon im Spätwinter können die ersten blassgrünen Blüten auf bis über einen Meter hohen Stängeln erscheinen.

Im Hintergrund hat die großartige Hortensie 'Annabelle' noch einmal einen ganz großen Abschied. Wenn sie nicht überdüngt wird und dadurch zu üppig treibt, sind ihre spektakulären, inzwischen zu Braun getrockneten Blütenbälle standfest genug, dem Garten noch bis tief in den Winter Höhe und Blickpunkt zugleich zu verleihen, zumal dann, wenn ihnen der Frost helle Glanzlichter aufsetzt.

Strauchefeu (Hedera helix 'Arborescens') Seite 134
Gattung: Araliaceae, immergrüner, anhaftender Kletterstrauch mit verholzenden Sprossen
Blütezeit: August–Oktober

So reizvoll, so romantisch Efeuumranktes auch ist – der Strauchefeu hat der kletternden Verwandtschaft gegenüber durchaus Vorteile. Nicht jeder Gärtner hat Schlossruinen, alte Kirchen oder noch ältere Eichen zu begrünen – was den großen, ins schier Unermessliche klimmenden Arten eigentlich angemessen wäre. Auf kleinerer Kletterfläche ist der Efeu schwer im Zaum zu halten: Eine Saison Unaufmerksamkeit, und er ist schon wieder ausgerissen. Ihn in schwindelnder Höhe zur Raison zu bringen, ist nicht jedermanns Sache, zumal seine Haftwurzeln erstaunliche Kräfte entwickeln können. Der handlichere Strauchefeu ist zumindest in dieser Hinsicht ein Genuss ohne Reue. In anderer leider nicht: Seine Früchte sind, zumindest für Menschen, giftig. Auf diese Beeren muss man bei ihm nicht jahrzehntelang warten wie bei seinen großen Geschwistern. Strauchefeu ist eigentlich eine aufrecht wachsende Altersform des normalen Efeu und fruchtet deshalb schnell. Seine schwarzen Beeren verleihen den ersten Winterbildern Reiz und dunkle Tiefe, bis die Vögel sie holen. Die können sie nämlich vertragen und verbreiten die Samen zuverlässig weiter.

Scheinquitte (Chaenomeles × superba 'Boule de feu') Seite 135
Gattung: Rosaceae, Laub abwerfender, bestachelter Strauch
Höhe: bis 2 m
Blütezeit: früher Frühling

Der Name ist geschickt gewählt: Die Blüten der Scheinquitte 'Boule fe feu', 'Feuerkugel', sehen wirklich aus wie kleine, feurige Bälle mit gelblichen Flammen im Innern. Scheinquitten sind sehr robust und deshalb als Bodendecker und wehrhafte, pflegeleichte Hecke gleichermaßen beliebt. Sie können fast alles aushalten außer zuviel Kalk, dann werden sie chlorotisch. Sie tragen, wie die großen Quitten auch, sehr schöne, duftende, gekocht essbare Früchte, werden aber meist wegen der Blütenpracht im Frühjahr angebaut. Die erscheint mitunter so früh und ist so hart, dass sie für unvergessliche Momente gut ist: etwa für lauter winzige, glühende Feuerkugeln im Frost.

Dunkle Schönheit: Hedera helix 'Arborescens'.

Feuer und Eis: Chaenomeles × superba 'Boule de feu'.

Lichtblick: Fargesia unter Reif.

Gartenbambus (Fargesia)
Gattung: Poaceae, Horst bildender, immergrüner Bambus
Höhe: bis 5 m

Perückenstrauch (Cotinus coggygria 'Royal Purple')
Gattung: Anacardiaceae, Laub abwerfender Strauch
Höhe: bis 6 m
Blüte: Sommer

Dramatischer Abschied: Cotinus coggygria 'Royal Purple'.

Immergrün und Purpurrot im Reif – ein ebenso prachtvoller wie vergänglicher Herbstmorgen-Moment. Der immergrüne Bambus könnte noch mehr dieser kostbaren Augenblicke ermöglichen, denn ältere Exemplare von Fargesia sind ziemlich frosthart, während jüngere Winterschutz benötigen. Der Perückenstrauch dagegen wird seine prächtigen, dunkelrot gemusterten Blätter nach diesem ersten Frost abwerfen. Es ist die letzte Freude, die er in der Saison bereitet, und schon ein Ausblick auf die nächste. So, wie er aufhört, fängt er auch an: Sein Frühjahrsaustrieb ist von einer intensiven, durchscheinenden Rotweinfarbe, das ruhige, stumpfe, niemals grelle Bläulichrot der purpurfarbenen Variationen bringt Ruhe, Tiefe und einen Blickpunkt in den Sommergarten. Der Perückenstrauch hat ungewöhnlich viel zu bieten: Das anspruchslose Sumachgewächs ist extrem trockenheits- und hitzebeständig, gedeiht in jedem normalen Gartenboden, kennt, von Pilzinfektionen abgesehen, keine Krankheiten und benötigt keinen Schnitt, verträgt ihn aber gut. Vor allem jedoch ist er schön. In sonnigen Jahren schmückt er sich über und über mit den fedrigen Samenbüscheln, denen er seinen Namen verdankt. Die hat er ohnehin am liebsten: Wenn er auch im Halbschatten gut zurechtkommt, so benötigen die roten Arten doch Sonne, um den Höhepunkt ihrer Schönheit zu entwickeln: eine voll ausgeprägte, rubinrot-violett funkelnde Herbstfärbung.

Schönheit im Schatten: Pflanzen für schattige Standorte

Tulpe (Tulipa tarda)
Gattung: Liliaceae, Ausläufer bildende Zwiebelpflanze
Höhe: 15 cm
Blütezeit: Frühjahrsmitte

Schatten ist nicht gleich Schatten: Es gibt vollen, durchbrochenen oder Halbschatten, und auch hier sind Helligkeit und Mikroklima noch einmal deutlich unterschiedlich: Auf der Nordseite von Gebäuden finden sich meist günstigere Bedingungen für Pflanzen als unter der undurchdringlich düsteren Krone einer Tanne, unter der Trockenheit herrscht und deren Nadeln überdies noch den Boden stark säuern. Doch selbst an solchen ansonsten hoffnungslosen Plätzen hilft oft ein Trick: Heller Sand als Unterlage reflektiert meist noch genug Licht, um Pflanzcontainer aufzustellen. Generell ist Schatten weniger ein Grund zu kapitulieren als eine Herausforderung und ein zusätzlicher Bonus im Garten: Nahezu die gesamte Wald- und Waldrandvegetation gedeiht hier hervorragend, wunderschöne Pflanzen, die besonders attraktive Lebensgemeinschaften ergeben. Der Boden allerdings muss sorgfältig vorbereitet werden, denn das größte Problem, vor allem unter Bäumen und Sträuchern, ist oft nicht Dunkelheit, sondern Mangel an organischer Substanz und Feuchtigkeit. Waldboden hat normalerweise einen hohen Humusanteil und ist locker, leicht feucht und oft leicht sauer: genau die Bedingungen, die die meisten Schattenpflanzen schätzen. Reichlich Humus ist also gefragt, am besten Kompost oder großzügiges Mulchen. Die Gastgeber großer Laubbäume sind da rundum klar im Vorteil: Die liefern nämlich nicht nur Schatten, sondern im Herbst auch gleich genügend Rohmaterial für den Kompost.

Überdies variiert ihr Schatten am meisten, und Plätze unter Bäumen und Sträuchern, die im Sommer tief in grünes Dunkel gehüllt sind, können vor dem Laubaustrieb durchaus noch Helligkeit, genug sogar für lichtbedürftige Pflanzen, durchlassen. Darunter sind einige der robusteren Wildtulpen, vor allem Tulipa tarda aus Zentralasien, ebenso schön wie hart im Nehmen. Sie enttäuscht nie, wenn sie nur eben genug Sonne abbekommt, um ihre gelbweißen Sternchenblüten öffnen zu können. Deren normalerweise sehr kurze und kompakte Stängel werden im Schatten allerdings länger und weicher. Die Blüten sind sehr haltbar, bis zu einem Monat lang öffnen sie sich beim kleinsten Sonnenstrahl. Für die in schattigerer Lage nicht ganz so prächtige Blüte entschädigt Tulipa tarda später in der Saison mit dekorativen, grünschwarzen Samenständen, die aussehen wie eine asiatische Lackarbeit. Im Gegensatz zu einigen anderen botanischen Tulpen muss man bei ihr übrigens nie fürchten, dass ihre Zwiebeln aus der Natur entnommen wurden: Tulipa tarda vermehrt sich an jedem ihr zusagenden Platz reichlich, vor allem über Ausläufertriebe.

Tipp: Tulipa tarda ist ein wunderbarer Vasenschmuck. Ein Stängel genügt, um ein ganzes Zimmer mit Frühjahrsduft zu füllen.

Kräftiges Gold: Tulipa tarda.

Lerchensporn (Corydalis flexuosa)
Gattung: Fumariaceae, aufrechte Staude
Höhe: 30 cm
Blütezeit: März–April

Lerchensporn führt ein Leben wie im Zeitraffer. Eines Frühlingsmorgens sind seine zierlichen Blätter da, oft an Stellen, wo man sie am wenigsten vermutet hätte, dann blüht er in wunderschönen Teppichen – und dann, fast ebenso schnell, verschwindet er wieder. Leider nicht spurlos: Die Blätter kollabieren in einem welken, kränklichen Gelb, und man kann nur hoffen, dass ein gefälliger Nachbar, etwa Waldmeister, die großen Löcher im Frühjahrsteppich unter Gehölzen schnell füllt. Da nämlich fühlt sich der Lerchensporn am wohlsten: an schattigen, leicht feuchten Plätzen unter Baum und Strauch, in Gesellschaft anderer Frühjahrsblüher. Er ist eine merkwürdig unpraktisch wirkende Pflanze: Seine namensgebenden Blütensporen sind derart lang ausgezogen, dass eigentlich nur extrem langrüsslige Insekten sie bestäuben können. Die meisten anderen wissen sich aber zu helfen. Vor allem Hummeln beißen den Sporn kurzerhand von außen durch, um an den Honig innen zu kommen. An älteren Lerchenspornblüten sind oft derartige Einbruchsspuren zu sehen. Die kleine Staude kann es sich leisten, es den Insekten schwer zu machen: Sie braucht sie nicht. Wie viele Frühjahrspflanzen kann sich der Lerchensporn selbst bestäuben. Auch Gärtner haben manchmal schwer mit ihm: Beim Umpflanzen pflegt die ganze Pflanze gern total zu kollabieren, erscheint aber zumindest in der nächsten Saison wieder. So man ihn einmal hat, überlässt man es dem Lerchensporn am besten selbst, für seine Vermehrung und Verbreitung zu sorgen. Er tut das zuverlässig, wenn es auch einige Jahre dauert, bis die Jungpflanzen blühreif sind.

Weitaus auffallender als der matt rosaviolette einheimische ist der Gebogene Lerchensporn, Corydalis flexuosa. Er stammt aus China und trägt leuchtend meerblaue Blüten, die enthusiastische amerikanische Gärtner mit „einer Schule Fische, die über dem Laub schwimmt", vergleichen. Er hat vielen anderen Corydalis-Arten noch einen weiteren Pluspunkt voraus: Sein Abschied ist kürzer. Er zieht nur zur Sommerruhe ein und treibt im Herbst noch einmal aus, die grünen Blätter dekorativ mit einem Hauch von Purpur überlaufen.

Buche (Fagus)
Gattung: Fagaceae, Laub abwerfender Baum
Höhe: bis 25 m

Die Buche gedeiht nicht nur im Schatten, sie sorgt auch für ihn. Unter ihrem mächtigen Schutz und Schirm ist der ideale Standort für die meisten der attraktiven kleinen Frühjahrsblüher. Ihr durchscheinend maigrüner Austrieb ist der Waldfrühling schlechthin, und die Buche, die „Mutter des deutschen Waldes", traditionell Inbegriff aller deutschen Grünromantik und Innerlichkeit. Dichterfavorit war der schlanke, glatte, sich jedes Jahr betörend neu einkleidende Baum von jeher, etwa in Annette von Droste-Hülshoffs poetischem Blick:

„Es war im Maienmonde,
Die Blätter atlaszart;
Wie hast du, alter Knabe,
So frisches Herz bewahrt?"

Die vielgeliebte Buche ist, soweit sie nur genug Feuchtigkeit bekommt, unkompliziert und erstaunlich schattentolerant und wird deshalb in der Forstwirtschaft gern als Unterwuchs und im Garten als Hecke an schwierigen Stellen eingesetzt. Wer sogar eines ihrer eindrucksvollen und hochverehrten großen Exemplare beherbergen kann, der darf sich glücklich schätzen.

Cooles Blau: Corydalis flexuosa.

Frühlingslicht: Fagus sylvatica.

Tempeldächer, Bischofsstäbe und ein Stinker im Trend: Erythronium 'Pagoda' ...

... und Matteuccia struthiopteris, Allium ursinum.

Hundszahnlilie (Erythronium 'Pagoda')
Gattung: Liliaceae, Zwiebelpflanze
Höhe: bis 35 cm
Blütezeit: April–Mai

Den ungraziösen deutschen Namen verdankt diese zierliche kleine Schönheit ihrer zugespitzten Zwiebel, die tatsächlich an die gebogenen Fangzähne eines Hundes erinnert. Oberirdisch gehört sie in ihren vielen verschiedenfarbigen Sorten zum Leichtesten, Graziösesten, was der Frühlingsgarten zu bieten hat. Wunderschön im Schatten von Laubbäumen ist etwa die Sorte 'Pagoda', deren zarte Hängeblüten tatsächlich an sonnenüberflutete Tempeldächer erinnern. Erythronium liebt einen schattigen Standort, der auch im Sommer nie ganz austrocknet, und ihre – recht teuren – Zwiebeln müssen außerhalb der Erde immer leicht feucht gehalten werden. Staunässe ist ebenfalls tödlich. Ansonsten ist sie in humoser, lockerer, fruchtbarer Erde ebenso standfest wie wüchsig. Auffallend dekorativ sind auch die großen, gemusterten Blätter, deren in jedem Lichtstrahl changierende, glänzende Oberfläche Erythronium auch die Bezeichnung „Forellenlilie" eingetragen hat.

Bärlauch (Allium ursinum)
Gattung: Liliaceae, gesellige Zwiebelpflanze
Höhe: 30 cm
Blütezeit April–Mai

Bärlauchbestände im Freien findet man schneller mit der Nase als mit den Augen: Über ihnen wabert ein oft fast greifbar dickes Knoblauchodeur, das sogar noch auffälliger ist als die großen weißen Blütenteppiche. „Gesellig" ist angesichts seines massenhaften Auftretens noch weit untertrieben, und erfreulicherweise lässt dieser Hang zur Cliquenbildung den Bärlauch auch im Garten derart schnell derart große Bestände bilden, dass eigene Ernte schon nach wenigen Jahren möglich ist. Der kleine Stinker hat Karriere gemacht: Waren einst vor allem die Kühe verrückt auf ihn, deren Milch er dann mit einem eigenwilligen Beigeschmack versah, so ist er heute auch bei Menschen große Küchenmode. So sehr, dass sich inzwischen sogar botanisch völlig Unbedarfte im Frühjahrswahn aufmachen, um die angesagte Trendpflanze selbst zu sammeln. Teilweise mit fatalen Folgen: Verwechslungen mit Maiglöckchen und Herbstzeitlose sind schon häufiger vorgekommen. Angesichts des durchdringenden Knoblaucharomas, das jedem noch so kleinen Bärlauchpartikel entströmt, ist ein derartiger Missgriff allerdings ein Kunststück, das des berüchtigten Darwin-Awards für spektakulär dämliche Selbstentleibung würdig ist. Auch Ameisen sind ausgeprägte Bärlauchliebhaber. Ihrer Angewohnheit, seine Samen zu verschleppen, ist es zu verdanken, dass er nach einigen Jahren an sehr ungewöhnlichen Gartenplätzen aufzutauchen pflegt.

Tipp: Verglichen mit Knoblauch ist der wilde Verwandte ein Genuss ohne Reue. Bärlauch hinterlässt keinen tagelangen „Nachduft".

Duftveilchen, Märzveilchen (Viola odorata) Seite 144
Gattung: Violaceae, Rhizom bildende, immergrüne Staude
Höhe: bis 20 cm
Blütezeit: Spätwinter–zeitiges Frühjahr

„Von der Bescheidenheit der Veilchen
Halt ich nicht viel. Die kleine Blum'
Mit den koketten Düften lockt sie
Und heimlich dürstet sie nach Ruhm."

Zart und sinnlich: Viola odorata ...

... und Cyclamen coum, Scilla sibirica.

Konventionelles, neu gesehen: Rhododendron catawbiense 'Grandiflorum', Hosta 'Royal Standard', Allium hirtifolium 'Album'.

Heinrich Heine hat es immer gewusst: Veilchen sind ein blühendes Paradoxon. Genau dieser Kontrast zwischen ihren scheinbar so demütig gesenkten zarten Gesichtchen und ihrem überwältigend sinnlichen, starken Odeur ist vielleicht ihr größter Reiz. Ruhm hat diese kleine Blum' jedenfalls reichlich gefunden: Zusammen mit dem Maiglöckchen ist das Duftveilchen wohl der meistbesungene, bedichtete und in anmutigen Sträußchen verschenkte Frühlings- und Liebesbote. Wie Chr. Overbeck in „Komm lieber Mai und mache" haben unzählige Dichter und Komponisten ihre Frühlingssehnsucht an das betörende blaue Blümchen gebunden:

„Wie möcht' ich doch so gerne
Ein Veilchen wieder sehn.
Ach lieber Mai, wie gerne, einmal spazierengehn."

Viola odorata allerdings, das Duftveilchen, erscheint schon weitaus früher als Mai. Es ist eine der ersten Blüten überhaupt nach Winterende. Ursprünglich stammt es aus dem Mittelmeerraum und hat sich etwa im achtzehnten Jahrhundert entlang von nährstoffreichen Standorten an Waldrändern und Hecken verbreitet. Laubhecken liebt es auch heute noch, gewähren sie ihm doch zur Blütezeit Sonne und später Schutz vor ihr. An solchen Stellen vermehrt es sich üppig und verbreitet sich schnell über einen ganzen Garten. Denn ganz so sittsam, bescheiden und rein, wie es einst in unzähligen Poesiealben blühte, ist das Veilchen im Moose gottseidank nicht. Das wäre auch sehr schade, denn auch Veilchen kann man nie genug haben – nach dem Winter schon gar nicht!

Vorfrühlings-Alpenveilchen (Cyclamen coum) Seite 145
Gattung: Primulaceae, langlebige Knollenpflanze
Höhe: bis 8 cm
Blütezeit: Winter–zeitiges Frühjahr

Erdgebundene Schmetterlinge: Pleione bulbocodioides.

Glückssymbol: Rhododendron luteum-Hybride.

windgeschützten Platz in humoser, gut wasserführender Erde. Kalk schadet ihnen nicht, dafür aber Austrockenen ebenso wie Staunässe. Cyclamen müssen verhältnismäßig flach gepflanzt werden, und ihre Knollen dürfen bei der Gartenpflege nicht beschädigt werden. Sind sie angewachsen, kommen sie zuverlässig wieder, und besonders gleich kleine, blaue Begleitung steht ihnen vorzüglich. Cyclamen coum kann wunderbar duften. Ob es allerdings dazu bereit sein wird, ist beim Knollenkauf nicht vorherzusagen. Innerhalb der gleichen Art gibt es duftende und nicht duftende Exemplare.

Tipp: Pflanzstellen von Cyclamenknollen sollte man besser kennzeichnen, um sie bei der Gartenarbeit nie zu verletzen.

Auch wenn das zarte, kleine Cyclamen coum einem rosa Veilchen ähnelt – verwandt sind die beiden nicht. Alpenveilchen sind Primelgewächse, und Cyclamen coum gilt als eines der ausdauerndsten Wildalpenveilchen. Das will in dieser Familie schon etwa heißen, über die Vita Sackville-West schrieb: „Diese kleinen Zyklamen gehören zu den langlebigsten Gartenpflanzen. Ihren Knollen ist voraussichtlich ein längeres Leben beschieden als ihrem Besitzer.“ Voraussetzung dafür ist allerdings, dass diese großen flachen Knollen sorgsam gesetzt werden, an einem schattigen,

Rhododendron (Rhododendron catawbiense ‘Grandiflorum’) Seite 146
Funkie (Hosta ‘Royal Standard’)
Zierlauch (Allium hirtifolium ‘Album’)

Rhododendron catawbiense zählt zwar zu den bewährtesten Gartensorten, eisenhart, unverwüstlich, überschäumend blühfreudig, ist aber doch, vielleicht, nach so langer Zeit auch ein klein wenig langweilig? Schön, aber zu konventionell und zu altgewohnt? Nicht in passender Gesellschaft: Schon ein grünes Band zu seinen Füßen hebt das Erscheinungsbild des ebenso bejahrten wie biederen Garten-Honoratioren auffallend. Besonders vorteilhaft unterstützt seine etwas steife Selbstdarstellung die kräftige Lilien-Funkie 'Royal Standard'. Sie ist eine der bewährtesten Hosta-Sorten, und die gewellte Oberfläche ihrer üppigen, dunkelgrünen Blätter setzt auch außerhalb der Blütezeit einen interessanten Kontrast zum tiefdunklen Rhododendronlaub. Vor allem natürlich dann, wenn die Funkie weiß blüht, und 'Royal Standards' Blüten duften sogar. Den letzten Glanz zur Rhododendronblüte verleiht der Kombination jedoch die originelle Ergänzung mit Allium hirtifolium 'Album': Wie große Pusteblumen schweben die weißen Blütenkugeln des Lauchs über dem saftigen Grün der Funkien und vor dem satten Rosa des alten Rhododendron. Schon ist aus einem tausendmal gesehenen Bild ein unvergessliches Highlight geworden.

Tibetorchidee (Pleione bulbocodioides) Seite 147
Gattung: Orchidaceae, terrestrische Orchidee
Höhe: 15 cm
Blütezeit: Frühjahr

Ein lockerer Schwarm exotischer Schmetterlinge am Fuß eines alten Baumes – oder sind es doch Blüten? Eine Gruppe Pleione bulbocodioides erscheint, wie fast alle Orchideen, auf den ersten Blick immer wie anmutige, fragile Grenzgänger zwischen Tier und Pflanze. Gemessen am Orchideen-Standard ist dieses reizvolle, kostbare kleine Juwel beinahe robust: Die Tibetorchidee kann, in günstigem Klima, terrestrisch und sogar ausgepflanzt im Garten gehalten werden. Sie braucht dazu guten, humusreichen Grund und einen halbschattigen bis sonnigen Platz. Ideal und ihrer Schönheit überdies sehr förderlich ist etwa ein Standort am Fuß eines umgestürzten Baumes. Wenn sie sich dort eingelebt hat, ist die Tibetorchidee sogar teilweise winterhart, das heißt, sie verträgt bis -10 Grad. Wer mit der zarten, exotischen Hübschen auf Nummer Sicher gehen will, bringt sie besser in flachen Schalen mit Spezialerde im ungeschützten Gewächshaus unter und topft sie jährlich vor der Blüte um.

Knap-Hill-Azalee (Azalea lutea-Hybride) Seite 148
Gattung: Ericaceae, Laub abwerfender Strauch
Höhe: 1 m
Blütezeit: ab Mai

In ihrer asiatischen Heimat sind Azaleen Symbole des Glücks, und glücklich machen können sie allemal, nicht nur die ganz kleinen im Topf, sondern ebenso die größeren im Garten. Eine besondere Kostbarkeit unter ihnen sind die Azaleen der Knap-Hill-Exbury-Gruppe, benannt nach den Landsitzen ihrer britischen Züchter. Mit etwa einem Meter haben sie eine auch eine perfekte Größe für Anwesen unterhalb dieser aristokratischen Maßstäbe. Mehr als sie kann eine Azalee kaum bieten: große, üppige, sogar duftende Blütenbälle im Frühjahr, und als Zugabe eine hinreißende Herbstfärbung in allen Schattierungen von Orange, Rot und Bronze. Wie Rhododendren sind auch die, im Gegensatz zu ihnen Laub abwerfenden, Knap-Hill-Azaleen Moorbeetpflanzen und gedeihen nur in kalkfreier, feuchter, aber durchlässiger Erde, am liebsten im lichten Baumschatten. Lassen sich die Standortwünsche von Azaleen im Garten nicht erfüllen, sind sie immer gut in einem Kübel mit Spezialerde untergebracht.

Sterne in Rosa und Blau: Kalmia und Omphalodes cappadocica 'Starry Eyes' (Bild rechte Seite).

Berglorbeer (Kalmia latifolia) Seite 150
Gattung: Ericaceae, immergrüner Strauch
Höhe: 1–3 m
Blütezeit: Spätfrühling–Hochsommer

Kalmia latifolia ist eine ebenso geeignete Gesellschaft für Rhododendron wie eine reizvolle Alternative zu ihm. Beides wundert nicht, ist er doch sozusagen die entfernte amerikanische Verwandtschaft der schönen Asiaten. Er gehört ebenfalls zur Familie der Ericaceae, und seine Ansprüche sind mit denen des Rhododendron nahezu identisch. Auch er möchte flach gepflanzt und gut gemulcht werden, vorzugsweise mit saurem Laubkompost oder sogar Kiefernnadeln, auch seine Wurzeln brauchen Schatten, auch er darf nicht austrocknen. In einer gemischen Gesellschaft ergänzt er die überschäumende Rhododendronblüte zunächst mit seinen zarten weißen oder rötlichen Blüten, später übernimmt er allein: Kalmia blüht bis in den Hochsommer.

Gedenkemein (Omphalodes cappadocica 'Starry Eyes')
Gattung: Boraginaceae, Horst bildende immergrüne Staude
Höhe: bis 25 cm
Blütezeit: zeitiges Frühjahr

Omphalodes verna, das Gedenkemein, ist einer der wichtigsten Bodendecker für Halbschatten und sogar Schatten, starkwüchsig, durch widrige Bedingungen kaum abzuschrecken und mit einer überwältigend blauen Vergissmeinnicht-Blüte gesegnet. Der unentbehrliche kleine Allrounder hat erlesene Verwandtschaft: die Sorte Omphalodes cappadocica, wunderschön vor allem 'Starry Eyes' (siehe Bild rechts). Etwas später als das normale Gedenkemein öffnet sie ihre größeren Blüten: lauter blaue Sternchen auf weißem Grund. Nomen est omen: Das englische starry-eyed bedeutet nicht nur sternäugig oder blauäugig, sondern ist ebenso ein Synonym für naiv und romantisch. Anders als das kaum zu bremsende Gedenkemein treibt diese Sorte nicht so heftig Ausläufer und eignet sich daher auch für kleinere Standplätze bestens.

Leuchtender Schatten: Rhododendron yakushimanum 'Contrance', Hosta 'Blue Angel', Hosta nakaiana.

Rhododendron (Rhododendron yakushimanum 'Contrance')
Gattung: Ericaceae, immergrüner Strauch
Höhe: bis 2m
Blütezeit: Mai–Juni

Funkie (Hosta 'Blue Angel')
Funkie (Hosta nakaiana)

Nach dem Laubaustrieb großer Bäume beginnt die beste und die schwierigste Zeit im Schattengarten. Seine größte Stärke wird nun offenbar, seine anziehende Lebendigkeit im ständig wechselnden Spiel des Lichts: golden und grün, hell und dunkel, mit echten Highlights gesprenkelt – und immer ein wenig verwunschen und von Waldromantik umgeben. Im Sommer sind solche Plätze ein erholsamer Anziehungspunkt. Wenn sie denn gut gedeihen: von Hitze und Trockenheit leblos auf betonharte Erde dahingestreckte Pflanzen sind nicht eben eine Augenweide. Leider kann so etwas ganz schnell gehen, und das ist das saisonale Handicap: Schattenpflanzen haben keine Verdunstungssperre, verlieren also weit mehr Wasser über die Blätter als andere Gewächse. Auch deshalb benötigen die meisten von ihnen ein Waldklima, inklusive höherer Luftfeuchtigkeit. Notfalls muss mit Bewässerung nachgeholfen werden, je standortgerechter gepflanzt wurde, desto weniger.

Die Rhododendronblüte ist die Hochsaison des Schattengartens, liefert sie doch selbst an einem eher verhaltenen Standort eine Farbpalette und Farbintensität, wie sie sonst nur sonnigen Sommerblumenbeeten vorbehalten ist. Die japanischen Yakushimatum-Varietäten sind rundum ein attraktiver Anblick: niedrig und zu einem adretten, kuppelförmigen, geschlossenen Strauch gerundet. Ein weiterer Pluspunkt ist ihre große Härte: Sie gehören zu den wenigen Rhododendren, die sogar volle Sonne vertragen können. Der bläuliche Unterton, der die leuchtendrote Blüte von 'Contrance' davor bewahrt, allzu grell zu wirken, wird von den blaublättrigen Funkien wirkungsvoll hervorgehoben und verstärkt. 'Blue Angel' ist eine mittelgroße blaue Hosta mit sehr stabilen, herzförmigen Blättern. Hosta nakaiana ist kleiner und grüner. Sie wurde 1935 in Japan gezogen, trägt dunkellavendelviolette Blüten und eine leuchtend goldene Herbstfärbung und ist eine Vorfahrin vieler moderner Funkien.

Da gibt es eine Faustregel: Je dunkler, also chlorophyllhaltiger die Blätter sind, desto mehr Schatten verträgt die Pflanze. Rhododendron ist da ein gutes Beispiel: Manche Sorten kommen mit einem Minimum an Licht aus, solange Boden und Luft nur feucht genug sind.

Kühle Pracht: Hosta sieboldiana 'Elegans' ...

... und Hosta crispula, Matteucia struthiopteris, Astilboides tabularis.

Schmalblattfunkie (Hosta sieboldiana 'Elegans')
Funkie (Hosta crispula)
Trichterfarn, Straußenfarn (Matteuccia struthiopteris)

Rückgrat und grünes Gerüst jeder Gartenkomposition sind die Blattschmuckstauden. Sie brillieren an Übergangsstellen zwischen verschiedenen Standorten, als grüner Ruhepunkt zwischen oder Hintergrund für blühende Ausstellungsstücke. Aber auch für sich allein schaffen sie unvergessliche Bilder. Da sind die verschiedenen Funkien-Arten in nahezu jeder erdenklichen Blattfarbe und -textur, vereint mit dem aufrechten Filigran der Farne oder einem künstlichen Blickpunkt, etwa einer Amphore, einem bepflanzten Kübel oder einem Kunstwerk. Die Atmosphäre einer solchen Kombination lässt sich durch die Farbe der Funkie bestimmen: Nobel und fast Abstand gebietend kühl wirkt Hosta sieboldiana 'Elegans' mit ihren großen, bläulichen Blättern. Ausgewachsen ist 'Elegans' eine der größten Funkien. Die Chancen, ihre Respekt gebietende Erscheinung in voller Pracht genießen zu können, sind hoch: Sie soll den gefräßigen Nacktschnecken besonders gut widerstehen können. Weniger cool und sehr viel lebhafter wirkt Hosta crispula, die Riesen-Weißrandfunkie, auf deren panaschierten Blättern ständig das Licht zu irisieren scheint. Ruhige Begleitung bekommt ihr daher gut.

Wie aus einem anderen Erdzeitalter: Astilboides tabularis und Luzula sylvatica.

UFOs am Stängel: Acaena buchananii.

Schaublatt (Astilboides tabularis, Rodgersia tabularis) Seite 155
Gattung: Saxifragaceae, Gruppen bildende Staude
Höhe: bis 1,5 m
Blütezeit: Früh–Hochsommer

Hainsimse (Luzula sylvatica) Seite 155
Gattung: Juncaceae, Horst bildende Staude
Höhe: bis 80 cm
Blütezeit: Frühling–Hochsommer

Eine Pflanzenpersönlichkeit mit unübersehbarer Präsenz: Die großen Schildblätter des Schaublatts können mehr als einen halben Meter Durchmesser erreichen. Entsprechend sind seine Ansprüche: Die Riesenpflanze, beheimatet in Feuchtwäldern Ostasiens, verträgt absolut keine Trockenheit, vor allem nicht zur Austriebszeit im Frühjahr. Staunässe allerdings auch nicht, und so muss sie, wenn sie, was sie wunderbar tut, ein Gewässer begleiten soll, immer so gesetzt werden, dass ihre Wurzeln über den Wasserpegel reichen. Auch ihre Nahrungsansprüche sind recht hoch, und viel Humus braucht sie sowieso. Ansonsten droht ein kümmerndes Schaublatt, und das ist ein jammervoller Anblick. Ist er jedoch gut in Form, schafft dieser exotische Pflanzenriese Plätze voller Ruhe, Atmosphäre und Geheimnis. Vor allem an feuchten Tagen, wenn das Wasser von den regenschirmartigen Blättern tropft, umgibt ihn eine anziehende Atmosphäre von Exotik: Astilboides tabularis ist der kleine Dschungel hinterm Haus. Seine dominierende Erscheinung verträgt keine Konkurrenz, sehr wohl aber Ergänzung. Etwa von einem wohlgewählten Kunstwerk oder unaufdringlichen Pflanzen wie der schmalen Hainsimse, die zwar aussieht wie ein Gras, aber in Wirklichkeit eine Staude ist. Sie toleriert sehr viel Schatten und Nässe, ist also als Bodendecker an schattigen Stellen und als Fußvolk neben majestätischen Solitären wie Astilboides geradezu prädestiniert.

Stachelnüsschen (Acaena)
Gattung: Rosaceae, imergrüne, kriechende Staude
Höhe: bis 15 cm
Blütezeit: ab Juni

Das Stachelnüsschen liebt, buchstäblich, steinreichen Boden. Dort oder an anderen trockenen Plätzen bildet es mit vielen Ausläufern, die sich bei Bodenkontakt bewurzeln, ganze Teppiche seiner mattgrünen Fiederblätter. Die Blüte ist unscheinbar, dafür sind die Früchte um so auffälliger: Sie ähneln lauter winzigen, rotstachligen Seeigeln oder einem Schwarm UFOs im Landeanflug. Zumindest für Haustiere können sie aber ebenso lästig werden, wie sie hübsch sind: In längerem Fell haften sie fast so ausdauernd wie Kletten.

Tipp: Stachelnüsschen sind nahezu trittfest und daher ideal für Pflasterfugen geeignet.

Heucheraamericana ‘Plum Pudding’
Gattung: Saxifragaceae, Staude
Höhe: bis zu 45 cm
Blütezeit: Frühsommer

Die ursprünglich nordamerikansiche Heuchera gehört zu den unentbehrlichen Bodendeckern, die ein ganzes Spektrum an Standorten vertragen, von Sonne bis hin zu vollem Schatten. Am liebsten hat sie fruchtbare, gut drainierte Erde, und je feuchter der Untergrund ist, desto mehr Schatten verträgt sie. Der verholzende Wurzelstock neigt dazu, sich mit zunehmendem Alter nach oben zu drücken und sollte dann neu gesetzt werden. Heuchera ist eine dieser hoch zu schätzenden Pflanzen, die sich in ihrer Erscheinung nicht aufdrängen, aber, wenn es darauf ankommt, immer eine gute Figur machen. Besonders reizvoll an dieser bewährten kleinen Staude ist das weite Spektrum an Varietäten, die von ihr gezogen wurden, und nahezu jede Saison sind neue Sorten im Angebot. Vor allem die ohnehin ausgeprägte Aderung und Zeichnung der Blätter wird immer wieder verändert. Das ermuntert zum Spielen, etwa mit all den rotlaubigen Vertretern, die als Purpurglöckchen bekannt sind und deren weiße, langstielige Blüten einen frappierenden Kontrast zum schimmernd roten oder schwarzroten Laub abgeben. Die Blüten aller Heuchera sind zusätzlich eine beliebte Bienenweide. Eine besonders attraktive neuere Sorte ist ‘Plum Pudding’, deren Blätter tatsächlich eine reiche, satte, vor allem bei Regen schimmernde Pflaumenfarbe aufweisen.

Augenschmaus: Heuchera ‘Plum Pudding’.

Frauenhaarfarn, Pfauenradfarn
(Adiantum pedatum 'Imbricatum')
Gattung: Adiantaceae, Laub abwerfender Farn mit kräftigen, kriechenden Rhizomen
Höhe: 30 – 40 cm

Schlangenbart
(Ophiopogon planiscapus 'Nigrescens')
Gattung: Convallariaceae, Rhizom bildende Staude
Höhe: 20 cm
Blütezeit: Sommer

Adiantum pedatum 'Imbricatum' und Ophiopogon planiscapus 'Nigrescens'.

Farne sind die Souveräne und Prachtstücke des Schattengartens, und der Pfauenradfarn gehört zu den exquisiten kleinen Kostbarkeiten unter ihnen. Er erreicht nicht die beeindruckende, an Jura-Wälder erinnernde Höhe oder ausgreifend dominante Statur einiger urzeitlicher Artgenossen. Seine Schönheit liegt in der kleinen Form: Die gefiederten Wedel sind tatsächlich wie ein Pfauenrad ausgebreitet und reflektieren so auch noch den sparsamsten Tupfer Licht in allen hellen Grünschattierungen, auch das ähnlich der irisierenden Wirkung von Pfauenfedern. Um seine eher waagerechte, leichte, fast luftige Gestalt buchstäblich ins beste Licht zu setzten, ist dunkle, schmale, strenge Begleitung förderlich. Ein perfekter Partner in diesem Spiel zwischen Hell und Dunkel ist der kleine Schlangenbart, ein asiatischer Verwandter des Maiglöckchens. Er setzt mit seinen fast schwarzen, grasartigen Blättern einen geheimnisvollen, unübersehbaren Kontrapunkt. Im Sommer lockert er seine reservierte Erscheinung zusätzlich mit weißen Blüten auf. Ophiopogon ist zwar normalerweise frosthart, übersteht aber starke Kahlfröste nicht ohne Abdeckung. Die schwarze Schönheit liebt feuchten, durchlässigen, eher sauren Boden und ab und an an eine Kopfdüngung aus Laubkompost.

Blätter, ruhig dunkel: Rodgersia henrici 'Die Schöne'.

Rodgersie (Rodgersia) Seite 160
Gattung: Saxifragaceae, Gruppen bildende Rhizomstaude
Höhe: bis 2 m
Blütezeit: Sommer

Gemessen am grünen Durchschnitt ist der Auftritt der Rodgersie dramatisch. Ihre schiere Größe, ihre gespreizten Blatthände mit der hoch darüber aufragenden astilbenähnlichen Blüte – alles in allem eine Pflanze, die man weder übersieht noch vergisst, zumal sie auch noch am liebsten in großen Gruppen auftritt. Rodgersien kommen in Ostasien in feuchten Wäldern und an Flussufern vor und lieben auch im Garten ähnliche Habitate: immer feucht, humusreich und vor austrocknenden Winden gut geschützt.

Segge (Carex siderosticha 'Variegata')
Gattung: Cyperaceae, Rhizom bildende Staude
Höhe: 30 cm
Blüte: Spätfrühling

Kaukasusvergissmeinnicht
(Brunnera macrophylla 'Jack Frost')
Gattung: Boraginaceae, Rhizompflanze
Höhe: 45 cm
Blütezeit: Mitte–Ende Frühjahr

Funkie (Hosta-Hybride 'June')
Funkie (Hosta montana 'Aureomarginata') alle Seite 161

Es hat seinen ganz eigenen Reiz, bei der Gartenplanung nicht nur auf die spektakuläre, aber vergängliche Blüteschönheit, sondern ebenso auch auf die gedämpfteren, aber ausdauernden Farben der Blätter zu setzen – von deren Formenvielfalt und Textur ganz zu schweigen. Die Angebote und damit die Kombinationsmöglichkeiten sind schier unbegrenzt: Zur Auswahl stehen zum Beispiel Carex siderostica 'Variegata', mit schmalen, schwertförmigen, weißgerandeten Blättern Bodendecker und Blickfang gleichermaßen. Weitaus spektakulärer ist Brunnera 'Jack Frost', eine relativ neue Sorte mit ausgeprägtem Farbenspiel und nahezu dramatischer grüner Äderung auf den weiß überlaufenen Blättern. Sanfter und milder sind die Kontraste der gelbgrünen Funkienblätter, und mitunter leider auch schwerer zu erhalten. Die gelbgrünen Sorten mit ihren zarten Blättern gehören nämlich, besonders im Jugendstadium, zu den großen Schneckenfavoriten und werden gegenüber den härteren grünen und blauen Sorten auffällig bevorzugt.

Blätter, dramatisch: Carex siderosticha 'Variegata' ...

... Brunnera macrophylla 'Jack Frost' ...

... Hosta Hybride 'June' ...

... und Hosta montana 'Aureomarginata'.

Glanzlichter: Hosta-Hybride 'Patriot', Astrantia major, Lychnis coronaria 'Alba', Hydrangea arborescens 'Annabelle'.

Funkie (Hosta-Hybride 'Patriot')
Große Sterndolde (Astrantia major)
Waldhortensie (Hydrangea arborescens 'Annabelle')
Vexiernelke, Rote Pechnelke (Lychnis coronaria 'Alba')
Gattung: Carylophylaceae, zweijährige oder kurzlebige Staude (alle Seite 162)
Höhe: 80 cm
Blütezeit: Sommer

Schattenpflanzungen verlangen, paradoxerweise, viel Licht, um gut zu wirken. Was der Standort nicht hergibt, sollte die Bepflanzung liefern: Hell und Weiß zwischen dem Grün, um Reflexe zu setzen und die kostbare Helligkeit, die oben fehlt, sozusagen von unten zu spiegeln, damit die Komposition nicht in Düsternis versinkt.

'Annabelle', die Hortensie für alle schattigen Garten-Lebenslagen, macht auch im Jugendstadium mit ihrer gelbgrünen Knospe bella figura, unterstützt von den vielseitigen Funkien. Besonders viel Weiß zeigt Hosta 'Patriot', eine relativ neue Züchtung. Weiße Blüten, Astrantien und Lychnis, überziehen das stilvolle, kühle Bild mit hellen Sternchen. Ungewöhnlich kühl und edel wirkt die weiße Form der Vexiernelke auf ihrem silbrigen Laub. Auf den ersten Blick ist die kühle, silberweiße Schönheit in dieser Umgebung kaum als altvertraute Allerweltsblume zu erkennen, als die Rote Pechnelke, die seit dem Mittelalter in Bauerngärten heimisch war. Vexiernelken sind kurzlebig, samen sich aber derart aus, dass immer für Nachwuchs gesorgt ist. Wer nicht allzuviel davon möchte, kneift Verblühtes besser aus, dann blüht sie auch länger. Lychnis halten einen Teil ihrer dekorativen, filzig behaarten Blätter bis spät in die Saison und sind normalerweise winterhart. Nur bei allzuviel Nässe stirbt ihre Rosette ab.

Flügel-Spindelstrauch (Euonymus alatus) Seite 164
Gattung: Celastracea, Laub abwerfender Strauch
Höhe: 2 m

Der Flügel-Spindelstrauch ist ein asiatischer Verwandter des heimischen Pfaffenhütchens und kam um 1860 in europäische Gärten. Seinen Namen verdankt er vier seltsamen, flügelartigen Korkleisten, die an den Zweigen sitzen und ihn im Winter zu einer auffallenden Gestalt und einem begehrten Objekt für Floristen machen.

Im Sommer dagegen ist Euonymus alatus eher ein Gehölz zum Übersehen, anspruchslos, was den Standort angeht, von Schädlingen und Krankheiten verschont und sogar so gut wie unempfindlich gegen Abgase. Eine Pflanze, deren Schicksal eher das einer unbeachteten grünen Kulisse wäre – wäre da nicht diese sensationelle Herbstfärbung, der nur Vergleiche mit Glut und Feuer einigermaßen gerecht werden können. Der Flügel-Spindelstrauch gehört im Herbst zu den farbenprächtigsten Gehölzen überhaupt und ist sogar in der Lage, seine überwältigende Rotfarbe auch noch in schattigen Lagen auszubilden. Ein Kunststück, das ihm kaum ein Gehölz nachmacht. Für so viel Entgegenkommen hat er auch in seinem unauffälligen Sommerkleid gärtnerische Hochachtung verdient, wenn er auch am dekorativsten in den Tagen des ersten Frostes ist, dann nämlich, wenn weißer Reif seine letzten Blätter noch einmal zum Glühen bringt und zwischen ihnen schon die aparte Form der Zweige deutlich durchschimmert.

Tipp: Die Früchte des Flügel-Spindelstrauches sind, wie die des Pfaffenhütchens, ein beliebtes Vogelfutter.

Glut an geflügelten Zweigen: Euonymus alatus.

Fünfzehn Minuten Ruhm: Cotoneaster horizontalis unter Raureif, Euonymus fortunei ‘Emerald ’n’ Gold’.

Zwergmispel (Cotoneaster horizontalis) Seite 165
Gattung: Rosaceae, Laub abwerfender Strauch
Höhe: bis 1 m

Kriechspindelstrauch (Euonymus fortunei 'Emerald 'n' Gold') Seite 164
Gattung: Celastraceae, niederliegender immergrüner Strauch
Höhe: 30–40 cm

Cotoneaster im Raureif – ein bestechendes Beispiel dafür, dass Andy Warhols legendäres Wort von den fünfzehn Minuten Ruhm, die jeder irgendwann genießen wird, sogar in der Welt der Pflanzen zutrifft. Endlos, Tag für Tag, hat dieser arme kriechende Kleinstrauch ein eher trostloses Dasein in Bodennähe gefristet, meist freigebiger von Passanten mit Kippen und leeren Bierdosen als vom städtischen Grünflächenamt mit Nahrung versorgt. Mit ihm kann man's machen, er ist ja nicht empfindlich. Das Odeur von Waschbeton und früher Fußgängerzone umweht ihn trist, ambitionierte Gärtnern ignorieren ihn naserümpfend, Satiriker verspotten ihn als typisches Straßenbegleitgrün: „müllschluckend, trampelfest und abgasfreudig". Dann friert es, und über Nacht sieht alles anders aus. Frisch und vorurteilslos zeichnet der Raureif Konturen nach: edel die schmale Fischgratform der belaubten Zweige, elegant geschwungen und vollendet angesetzt die glänzenden dunkelgrünen Blätter, perfekt platziert die roten Farbtupfer der Beeren. Aus einem gedemütigten botanischen Underdog ist, für eine kostbare kurze Zeit, ein echtes Highlight geworden.

Euonymus fortunei 'Emerald 'n' Gold', die panaschierte Form des Kriechspindelstrauches, kann ihm diesen Ruhmesmoment nicht streitig machen. Sicher, die grüngoldene Farbe ist auffällig und wird sogar noch auffälliger werden, denn die gelben Ränder des immergrünen, ebenfalls anspruchslosen Kriechers verfärben sich im Winter leicht rosa. Doch was ist schon dieser zweifarbige Knalleffekt gegen die ganz unverhoffte Noblesse des reifumrahmten Cotoneaster, gegen die Überraschung durch scheinbar längst bis zum Überdruss Vertrautes?

Bergenie (Bergenia) Seite 167
Gattung: Saxifragaceae, Gruppen bildende, immergrüne Rhizomstaude
Höhe: bis 60 cm
Blütezeit: Frühling

Kein Gärtner würde je auf die Idee kommen, die biedere, eher plumpe, unspektakulär blühende, dafür aber spektakulär wuchernde Bergenie als Highlight zu bezeichnen – jedenfalls nicht vor dem ersten Frost. Danach sieht es anders aus: Dann prunken Bergenienblätter nicht nur in einem überwältigenden Spektrum an bläulichen Rottönen, sondern sie behalten diese Gartenzierde auch noch bis weit in den Winter hinein bei, weitaus länger als die meisten andere Gewächse. Die Bergenie ist nahezu immergrün, eher: immerbunt. Ihre Blätter sind so kräftig, dass englischsprechende Gärtner sie auch als „Elefantenohr" oder „Elefantenpflanze" bezeichnen. Wobei ungeklärt bleibt, ob das an der Blattform liegt oder eher an der begründeten Vermutung, dass die Bergenie selbst die Tritte eines Dickhäuters spielend überleben würden. Für so viel Farbenzauber so spät in der Saison lohnt es sich durchaus, der ruppigen, unscheinbaren Untersetzten mit den kräftigen Rhizomen einen zweiten Blick und einen Platz im Garten zu schenken – allerdings immer mit gebührendem Abstand zu zarten Nachbarn!

Buntes Elefantenohr: Bergenia-Hybride.

Braune Federn über Gold und Grün: Adiantum pedatum 'Imbricatum', Alchemilla mollis, Hosta-Hybride 'June'.

Pfauenradfarn (Adiatum pedatum)
Frauenmantel (Alchemilla mollis)
Funkie (Hosta-Hybride 'June')
Gattung: Rosaceae, Staude
Höhe: bis 60 cm
Blütezeit: Juni–Juli

Drei passende Partner, perfekt im Sommer wie unter dem ersten Raureif. Den Reiz ihres Zusammenspiels machen die großen Unterschiede in Textur und Farbe aus: Farn, fedrig, leicht und schon winterbraun, trifft auf goldgelbes herbstliches Funkienlaub, während der Frauenmantel, noch in Sommerfarbe, die gegensätzlichen Partner mit seinem sanften Grün verbindet. Letzteres kann Alchemilla mollis ohnehin am besten: Sie ist die ideale Partnerstaude, selbst nicht wählerisch und mit den runden, leicht gezähnten Blättern immer sowohl eine Zierde als auch eine pflanzliche Integrationsfigur. Ihre Blätter können unauffällig im Hintergrund stehen, sich aber auch ungewöhnlich dekorativ ins rechte Licht setzen: Sie scheiden am Rand winzige, in jedem Sonnenstrahl funkelnde Wasserperlen aus, ein Schauspiel, das sie zum unfehlbaren Blickfang in allen Lebenslagen und Pflanzkombinationen macht. Die gelbgrünen, fast unscheinbaren Blütenschleier verblassen neben diesem eigenwilligen Event, sind aber ein wunderschöner Begeleiter besonders für gelbe Rosen, oder, im Schatten, für farblich passende Funkien.

Tipp: Um mit unversehrtem Laub in den Winter zu gehen, muss der Frauenmantel meist im Hochsommer einmal geschnitten werden und nachtreiben. Bei Hitze neigt er zu Mehltau.

***Flausch im Frost:** Clematis tangutica.*

„Es ist ein Ros' entsprungen": Helleborus orientalis-Hybride ...

... Helleborus orientalis-Hybride ...

... Helleborus niger ...

... und Helleborus orientalis-Hybride.

Waldrebe (Clematis tangutica) Seite 169
Gattung: Ranunculaceae, wüchsige Kletterpflanze
Höhe: bis 6 m
Blütezeit: Juni – Frost

Wenn es so etwas gibt wie eine Ganzjahres-Clematis, dann ist es diese wüchsige, unverwüstliche Chinesin. Clematis tangutica gehört zu den nicht hoch genug zu lobenden Pflanzen, die aufmerksamen Gärtnern für ein Minumum an Einsatz ein Maximum an Freude zurückgeben. Auch sie hat am liebsten ideale Clematisbedingungen, Schatten am Fuß, Sonne an den Blüten, ist aber durchaus bereit, auch mit etwas weniger Sonne, etwa an einer Ostwand, üppig zu gedeihen. Sehr viel Wasser braucht sie aber unbedingt. Kein Wunder: Ihr Wachstum ist sehenswert rasant, und schon im Frühsommer beginnt sie ihre zierlichen, hängenden, gelben Glöckchen zu öffnen. Die verblühen zu kaum weniger ansehnlichen, flauschigen Samenständen, die Vita Sackville-West an das seidige Fell zusammengeroller Yorkshire-Terrier erinnerten. Im Spätsommer ist die ganze Clematis gleichzeitig mit Blüten und fedrigen Schöpfen bedeckt und wächst immer noch weiter. Selbst der Frost kann zwar ihr Wachstum beenden, mitnichten jedoch ihren Zierwert. Vor allem nach sonnigen Sommern sind die plustrigen Samenstände derart stabil, dass sie Wind und Regen und Schnee bis zum notwendigen kräftigen Rückschnitt in Vorfrühling standhalten.

Nieswurz (Helleborus)
Gattung: Ranunculaceae, Rhizomstaude
Höhe: bis 90 cm
Blütezeit: November – Mai

Helleborus sind eine Gartenpartnerschaft fürs Leben: Sie werden uralt. Fünfzig Jahre und mehr sind keine Seltenheit. Nicht nur deshalb sollte ihr Standplatz mit Sorgfalt gewählt werden: Die kleinen Stauden hassen Veränderungen und können unter Umständen lange und heftig schmollen. Dieser beharrliche Konservativismus ist bei Helleborus niger, der weißen Christrose, weitaus deutlich ausgeprägter als bei Helleborus orientalis, der Lenzrose und ihren vielen Hybriden. Christrosen sind ohnehin anspruchsvoller: Sie möchten schwere, neutrale bis alkalische Erde in lichtem Schatten. Unter eisigen Kahlfrösten leiden sie unter Umständen bis zum Absterben, ausgeprägte Regenwinter sind ebensowenig ihre Sache. Ohnehin bleibt ihre Kultur immer ein wenig Glückssache. Die Christrose gibt sich nie ganz preis, und so hat sie sich, obwohl sie als Weihnachts- und Silvestergeschenk immer beliebter wird, jeder Massenvermehrung im großen Stil bis jetzt entzogen. Sie ist nicht willig, nicht billig – und sie lässt sich erst recht nicht zum Stiefmütterchen machen. Sie bleibt, was sie seit dem Altertum in Europa ist: eine magische, hochtoxische Pflanze, der einst Zauberkräfte zugeschrieben wurden.

Ob magisch oder nicht, der antizyklische Lebenslauf der Christrose bedarf allemal ungewöhnlicher Fähigkeiten. „Es ist ein Ros' entsprungen aus einer Wurzel zart" heißt es in dem Weihnachtslied aus dem 16. Jahrhundert, und damit ist natürlich die Christrose gemeint. Ihre Wurzel ist in Wirklichkeit alles andere als zart, im Gegenteil: Dem dicken, schwarzen Rhizom verdankt sie den Namen „Schwarze Nieswurz". Das „Ros'", die erstaunliche Schalenblüte mitten im Winter, erscheint ausgerechnet in der Zeit des kürzesten Lichtes. Wie man dieses Wunder in unwirtlichem Klima weiß und schimmernd hält, darüber haben sich Generationen von Gärtnern die Köpfe zerbrochen. Viele haben die kostbare Blüte schließlich sogar unter Glasglocken gestellt. Das ist ist bei Helleborus orientalis völlig unnötig. Ist Helleborus niger so etwas wie die reservierte Diva der Familie, so ist Helleborus orientalis mit ihren Hybriden die fröhliche Erfolgsgarantie. Sie passt sich fast allen Gartenbedingungen an und blüht von Jahr zu Jahr schöner. Zuviel Säure, eisigen Kahlfrost und ebenso eisigen Wind kann aber auch sie nicht vertragen. Die Lenzrose ist kein so ausgeprägtes Winterwunder, ihre Blüten erscheinen später und bis Mai. Dafür sind sie weitaus farbiger, von Grünlichweiß über Rosa bis hin zu tiefen Pflaumen- und Purpurtönen. Sie sät sich auch freigebig aus. Es dauert allerdings Jahre, bis die Jungpflanzen blühen und ihre oft überraschenden Farben zeigen. Gärtner kann so etwas mitunter ungeduldig machen. Helleborus dagegen haben Zeit. Viel Zeit.

Grenzgänger: Pflanzen für unabhängige Standorte

Kobushi-Magnolie (Magnolia kobus)
Gattung: Magnoliaceae, Laub abwerfender Baum
Höhe: bis 12 m
Breite: bis 10 m
Blütezeit April–Mai

Neben den vollkommen standortabhängigen Pflanzen gibt es auch die anderen, die Grenzgänger: Sie tolerieren Abweichungen vom Wohnungsideal oft verblüffend langmütig und bei guter Gesundheit – zum großen Glück für alle nicht mit ausgedehnten Parkanlagen ausgestattete Gärtner. Die können zumindest dem einen oder anderen ersehnten grünen Favoriten weniger als Perfektion zumuten und dabei Glück haben. Allerdings – Glück ist eben immer im Spiel, hier noch mehr als sowieso schon beim Umgang mit Lebewesen. Es gibt verblüffende Ausnahmen von allen Regeln, aber es gibt niemals irgendwelche Garantien. Für Magnolia kobus, die Kobushi-Magnolie, sollte man zumindest einen ausreichend großen Garten haben. Wenn sie auch bereit ist, mit weniger Sonne auszukommen als andere Magnolien, so braucht sie doch viel Raum. Ihr Wachstum ist zwar langsam, aber am Ende steht ein stattlicher Baum, der ebenso sehr durch ausladende Breite wie durch Höhe imponiert, und der sich keinesfalls mit enger Nachbarschaft abfindet. Das hat er auch nicht nötig: Magnolien sind nun einmal ausgeprägte Solitärgehölze, Aristokraten, die auf Abstand halten. Nicht von ungefähr: In China waren sie der Baum des Kaisers, und auch in Japan ist die dort gelegentlich sogar wildwachsende Kobushi-Magnolie Verehrung gewohnt. Japanern gilt sie mit ihrer schneeweißen Blüte als Reinheitssymbol. Magnolien sind also uralte Souveräne. Genau gesagt: Ihre Entstehungsgeschichte reicht mehr als 100 Millionen Jahre zurück. Sie gehören zu den ältesten Blütenpflanzen der Erde und waren vor den Eiszeiten auch in Europa heimisch. Im 17. Jahrhundert kehrten sie als Gartenbaum zu uns zurück. Magnolien möchten mit der Achtung betrachtet werden, die ihre Sonderrolle ebenso gebietet wie ihre Schönheit. Gepflanzt werden sie am besten vor dem Frühjahrsaustrieb, bevorzugt in humusreiche, nährstoffreiche, saure Böden. Sie bevorzugen organischen Dünger und fordern auch von ihrem Gärtner vor allem eines: Abstand! Magnolien sind ausgeprägte Flachwurzler, und allzu rabiate Bodenbearbeitung kann sie töten. Bewundern statt bedrängen lautet bei ihnen die Devise. Bei der Kobushi-Magnolie gibt es da über die ersten 10–15 Jahre Standzeit allerdings nur die schöne gelbe Herbstfärbung zu genießen. Mit den duftenden Sternblüten lässt sie sich Zeit. Wenn sie dann aber endlich aufgehen, sind sie zumindest sicherer und halbarer als die vieler Verwandter. Magnolia kobus blüht erst später im Frühjahr, ihre Blüte ist also nicht so frostgefährdet.

Flirt auf zartem Blütenteppich: Magnolia kobus und Stockentenpaar.

Frühlingspastell: *Tulipa 'China Pink', Viola cornuta, Myosotis sylvatica, Montia sibirica.*

Tellerkraut (Montia sibirica)
Gattung: Portulaceae

Tulpen sind Sonnenkinder – und doch kommen einige von ihnen relativ gut mit einem Platz in lichtem Schatten zurecht. Vor allem die zierlicheren Lilienblütigen können sich da durchaus zu ihrem Vorteil einfügen: Das in der Sonne etwas aufdringliche Leuchtendgelb von 'Westpoint' etwa mäßigt sich am Gehölzrand unter einem grünen Teppich zu einem attraktiven Beinahe-Wildpflanzen-Ton, und auch die sanfte, puderrosa 'China Pink' passt sich Standorten mit weniger Sonne vorteilhaft an. Ihr Habitus wird durch den höheren Stängel noch ein wenig graziler, ihre sanfte Farbe noch sanfter – genau das Richtige für ein Frühlingspastell über einem Teppich aus Blautönen. Auch die Hornveilchen profitieren, ebenfalls an den vorderen hellen Beetrand gesetzt, durchaus von etwas weniger Sonne: Sie bleiben zwar kleiner und kompakter, halten aber, wenn es wärmer wird, wesentlich länger durch, weil sie keine Hitze mögen. Tellerkraut und Vergissmeinnicht füllen die Pflanzung zuverlässig auf, und vor allen das Vergissmeinnicht darf in keiner Frühjahrspflanzung fehlen. Zusammen mit dem Rosa der eleganten Tulpe ergibt das dann ein Bild wie aus dem Biedermeier, kitschig beinahe in seiner Lieblichkeit, aber anrührend vertraut wie uralte Abziehbilder in einem vergilbten Poesiealbum. Die schmale, eher reservierte Noblesse von 'China Pink' bewahrt das Arrangement vor allzuviel süßer Rührseligkeit, und die Hornveilchen haben noch einen weiteren Vorteil: Sie blühen etwas länger als die

Lilienblütige Tulpe (Tulipa 'China Pink')
Hornveilchen (Viola cornuta)
Vergissmeinnicht (Myosotis sylvatica)
Gattung: Boraginaceae, zweijährige oder kurzlebige Staude
Höhe: bis 30 cm
Blütezeit: April–Mai

Vergissmeinnicht und geben Sichtschutz, wenn die unansehnlich werden. Vergissmeinnichtstauden sollte man möglichst nicht sofort nach der Büte ausreißen, eimal, um sie sich für die übernächste Saison aussamen zu lassen (was sie im Überfluss tun), vor allem aber, weil ihre Samenkapseln ein so begehrtes Futter für viele Singvögel sind. Finkenvögel, etwa der Dompfaff, lieben sie als Aufzuchtfutter für ihre Jungen.

Monarde (Monarda)
Gattung: Lamiaceae, Horst bildende Rhizomstaude
Höhe: um 1 m
Blütezeit: Spätsommer – Herbst

Sonnenauge (Heliopsis)
Sonnenbraut (Helenium)
Dahlie (Dahlia)

Spätsommerfarben: Monarda didyma 'Gardenview Scarlet', Heliopsis scabra 'Benzing Gold', Dahlia, Helenium.

Den Spätsommerblühern zuzumuten, ihre leuchtenden Flammenfarben außerhalb voller Sonne zu entwickeln, ist ein etwas riskanteres Unternehmen, kann aber in schönen Sommern durchaus gelingen. Die Blühfreude der robusten Heliopsis- und Helenium-Arten wird auch ein leicht ungünstiger Standort kaum allzu sehr beeinflussen können. Allerdings werden sie deutlich mehr Stützen benötigen als in voller Sonne, da Schatten generell zu längerem, schwächerem Stängelwachstum führt. Das gilt noch mehr für Dahlien, die deutlich höher und dünner werden und mit langem Hals etwas skeptisch aus der Rabatte zu schauen scheinen. Für einen wunderschönen, hohen Farbakzent reicht das noch allemal. Mit Monarden als Mittelpunkt und Rottupfer dagegen kann überhaupt nichts schiefgehen: Die robusten Indianernesseln aus den Prärien Nordamerikas gedeihen im Halbschatten vorzüglich, da sie auch im Freileben unter Gestrüpp und in Gehölzen vorkommen. Sie mögen Wasser, aber in Maßen: Im Sommer möchten sie vor Austrocknung, im Winter vor zuviel Nässe geschützt werden. Ihr großes Plus ist die lange Haltbarkeit ihrer Blüten, die jede Kombination lange und zuverlässig mit rötlichen Farbtupfern und -bändern aufmuntern.

Überschäumende Frühjahrsfreude: Prunus serrulata 'Kanzan', Narcissus 'Sweetness' (vorn), 'Dutch Master' (hinten) ...

... und verwilderte Tulpen mit Anthriscus sylvestris.

Narzisse (Narcissus) Seite 176
Prunus serrulata 'Kanzan'
Gattung: Rosaceae, Laub abwerfender Baum
Höhe und Breite: um 10 m
Blütezeit: April

Narzissen sind ein Gartenglücksfall: Sie gedeihen nahezu überall und vertragen Schatten und Feuchtigkeit weitaus besser als etwa die Tulpe. Das macht sie zur Idealbesetzung für effektvolle frühe Kombinationen, etwa der mit Prunus serrulata 'Kazan', dem Inbegriff der japanischen Zierkirsche. Dieser Baum blüht, gelinde gesagt, spektakulär. Ganze Wogen überschäumenden, unübersehbaren, leuchtenden Dunkelrosas – ein botanischer Knalleffekt, der einst Vita Sackville-West eisige Entsetzensschauer durchs aristokratische Ästhethengemüt jagte. Noch einmal dramatisch gesteigert wird die Wirkung dieser Bonbonfarbe durch knallgelbe Narzissenbänder zu „Kazanas" Füßen. Hier strahlen zwei Klassiker in Dottergelb um die Wette: 'Sweetness' und 'Dutch Master'. Das Resultat ist ein weithin leuchtendes Feuerwerk auf grüner Grasfläche, das man besser genießen sollte, statt puritanisch die Nase zu rümpfen: Einmal kann man deutlicher nicht zeigen, dass der graue Winter endlich vorüber ist, zum anderen: Der überschäumend fröhliche Augenblick ist ebenso kurz wie berauschend, tatsächlich kaum länger als ein Feuerwerk. Mögen die Narzissen langlebig sein – die Blüte der Zierkirsche ist es nicht. Höchstens eine Woche, und das bunte Bild versinkt in einem Blizzard aus fallenden rosa Blättern. Für ein ganzes langes Jahr.

Tulpe (Tulipa) Seite 177
Wiesenkerbel (Anthriscus sylvestris)
Gattung: Apiaceae, Gruppen bildende Zweijährige
Höhe: bis 1 m
Blütezeit: Spätfrühling – Sommer

Für einige Arten von Grenzüberschreitungen sind auch Tulpen jederzeit zu haben: Es muss nicht immer das Beet sein. Im Gegenteil – viele robustere Arten gedeihen auf einer Wiese sogar noch besser, und sie sehen dort allemal viel besser aus. Vor allem in so leichter, eleganter Gesellschaft wie der der ersten Dolden des Wiesenkerbels. Der sät sich jedes Jahr reichlich aus, so dass diese wunderschöne Kombination zuverlässig erhalten bleibt. Veredelte Tulpen eignen sich allerdings nicht für jede Art von Wildwiese. Auf Magerrasen wären sie fehl am Platze, denn ein bisschen Dünger benötigen sie schon, um in Form zu bleiben. Wenn die Wiese nicht allzu winterfeucht ist, treffen sich ihre Ansprüche hier perfekt mit denen des Kerbels. Er liebt ebenfalls frische, tiefgründige, gut gedüngte Ton- und Lehmböden. Wo er steht, ist Stickstoff im Boden, oft sogar viel zuviel: Wiesenkerbel ist ein Indikator für stickstoffüberdüngte Flächen und damit, zusammen mit dem Löwenzahn, einer der großen Profiteure moderner Grünlandbewirtschaftung. Der adrette, gesellige Doldenblütler zeigt seine schaumige weiße Pracht von April bis Juni und tritt stets in großen Massen auf.

Der Wiesenkerbel ist ein enger Verwandter des einjährigen Gartenkerbels, Anthriscus cerefolium. Beide werden gleichermaßen seit altersher genutzt: Im Grab des ägyptischen Pharaos Tut-Ench-Amun stand ein Körbchen mit Kerbelsamen als botanische Begleiter ins Jenseits – ein deutlicher Beweis für die Wertschätzung, die dem Kraut mit den schönen gefiederten Blättern zugemessen wurde. Auch im antiken Europa wurde Kerbel gesammelt oder kultiviert, waren seine zarten, jungen Blätter vor allem als erfrischendes Grün nach dem Winter hochbeliebt. Den Spitzenplatz in der Gunst seiner menschlichen Fressfeinde sicherte ihm allerdings weniger sein möhrenartiger Geschmack, sondern sein fast konkurrenzloser Frühstart. Kerbel ist nahezu frostresistent, kann also als eines der ersten Kräuter gesät und geerntet werden. Sein frischer Vitaminstoß war oft Lebensretter nach harten Hungerwintern, und in den Klöstern des frühen Mittelalters avancierte er zur begehrten Fastenspeise. Kerbel gehörte daher zu den Kräutern, deren Anbau schon um das Jahr 795 im Capitulare de Villis, in der Hofgüter-Verordnung Karls des Großen, vorgeschrieben wurde. Er galt als Nahrung und Arznei gleichermaßen. Walahfried Strabo, Abt des Klosters Reichenau, lobte ihn 827 im „Hortulus", einem Lehrgedicht über den Gartenbau:

„Mildert er doch jahraus jahrein stets frisch zu bekommen,
Armut bedürftiger Leute mit seinen reichen Gaben,
Und fehlt ihm als leichtes Mittel zur Hand auch die Kraft nicht,
Bächlein des Blutes rieselnd über den Körper zu stillen.
Auch falls der Leib von lästigen Schmerzen gequält wird,
Legt er ihm Umschläge auf, nicht ohne treffliche Wirkung,
Wenn er Minze sich selbst und Blätter des Mohnes hinzufügt."

Romantisch und gefällig: Alchemilla mollis, Myosotis sylvatica.

Der medizinische Wert des Kerbels war allerdings immer umstritten, seine Rolle als Küchenfavorit dagegen nie. Noch heute ist junger Kerbel zum Beispiel ein unentbehrlicher Bestandteil der berühmten Frankfurter Grünen Soße, der französischen „Fines Herbes" oder der Bechamelsauce. Mitgekocht werden darf er nie, und warten mag er auch nicht, dann verliert er die frische Farbe. Kerbelgerichte müssen, der Jahreszeit und der Pflanze angemessen, ganz frisch serviert werden. Wiesenkerbel ist weit weniger geschmacksintensiv als Gartenkerbel, kann aber ebenso gegessen werden. Dabei ist allerdings manch unvorsichtigem Sammler schon ein buchstäblich allzu klassischer Missgriff unterlaufen: die Verwechslung des Wiesenkerbels mit seinem sinistren Verwandten, dem Gefleckten Schierling. Der ist in allen Teilen stark giftig und war wegen seiner letalen Effizienz im Altertum unangenehm populär: Der legendäre Schierlingsbecher beförderte 399 vor Christus den Philosophen Sokrates sehr unsanft aus dieser Welt. Vor der Gefahr, dessen dramatisches Ende unverhofft im trauten Heim nachempfinden zu müssen,

Glocken und Schmetterlinge: Paulownia tomentosa ...

... und Cercis siliquastrum.

schützen allerdings, neben einem guten Botanikbuch, zuverlässig schon der gesunde Menschenverstand und ein intakter Geruchssinn. Ein einziges zerriebenes Blattstückchen identifiziert den klassischen Killer sofort: Im Gegensatz zum möhren- und anisduftenden Kerbel stinkt der Schierling penetrant nach Mäuseurin.

Frauenmantel (Alchemilla mollis) ***Seite 179***
Myosotis sylvatica, Vergissmeinnicht

Noch einmal zwei für alle Fälle: So, wie das Vergissmeinnicht im Frühjahr bereitwillig nahezu jede Lücke in jeder Bepflanzung ausfüllt, tut das der Frauenmantel über fast die ganze Saison. Wenn die Blattrosetten der alten Heilpflanze in schimmernden Falten das Licht reflektieren, ist klar zu sehen, woher sein Name stammt: Jedes Blatt sieht aus wie ein kleines Cape. Ein leiser, ferner Abglanz von Burgfräulein-Charme, Ritterturnier und Minne umgibt diese Pflanze, und tatsächlich ist sie oft auf mittelalterlichen Madonnenbildern zu sehen. Der Name „Alchemilla" soll sich darüber hinaus davon ableiten, dass die Alchemisten jener Tage die glitzernden Tautropfen, die die Blätter morgens ausscheiden, als himmlisches Wasser betrachteten und bei ihren Versuchen, den Stein der Weisen herzustellen, verwendeten. Der soll jedes Metall in reines Gold verwandeln und seinem Besitzer ewiges Leben garantieren. Dank Harry Potter, und vor allem dank seines Schuldirektors Albus Dumbledore, wissen wir heute, dass der Stein so einfach nicht zu erlangen und auch nur bedingt erstrebenswert ist: „Geld und Leben, so viel du dir wünschst! Die beiden Dinge, welche die meisten Menschen allem anderen vorziehen würden – das Problem ist, die meisten Menschen haben den Hang, genau das zu wählen, was am schlechtesten für sie ist." Bei Gärtnern könnte letzteres unter Umständen ein wenig anders aussehen. Die nämlich haben immerhin zu allen Zeiten gewusst, wie weise es ist, sich der romantischen und gefälligen Gesellschaft des Frauenmantels zu versichern.

Blauglockenbaum, Paulownie (Paulownia tomentosa)
Gattung: Scrophulariaceae, Laub abwerfender Baum
Höhe: 12 m
Blütezeit: Mai

Die Paulownie ist ein weiteres der majestätischen Gehölze aus Asien, wenn sie auch ihren wissenschaftlichen Gattungsnamen zu Ehren der russischen Prinzessin Anna Paulowna erhielt. 1840 importierte der berühmte Pflanzensammler Philipp Franz von Siebold den riesigen Baum erstmals aus Japan nach Holland. In Japan selbst wurde er seines begehrten Holzes wegen beinahe ausgerottet. Wenn die Paulownie auch hauptsächlich wegen der duftenden blauen Glockenblüten kultiviert wird, die im Mai erscheinen, so ist sie auch sonst ein bemerkenswert vitales Gehölz. Ihr Tempo und ihre Kraft sind mit „schnellwüchsig" nur unzureichend umschrieben, und ihre Blätter so gigantisch, dass ihr da kaum ein anderer Baum Konkurrenz machen kann. Die Blattgröße hängt allerdings vom Schnitt ab: Geschnittene Paulownien neigen dazu, Riesenblätter zu produzieren, während naturbelassene stattdessen reicher blühen. Junge Paulownien sind in unserem Klima nicht vollständig winterhart.

Judasbaum (Cercis siliquastrum)
Gattung: Fabeaceae, Laub abwerfender, ausladender Baum
Höhe: bis 10 m
Blütezeit: April

Auch der Judasbaum ist in unserem Klima nur begrenzt winterhart. Da aber kleine Exemplare gut im Kübel gehalten werden können, ist der Winterschutz zunächst nicht so problematisch. Einmal ausgepflanzt, mag das Gehölz dann keine Veränderungen mehr, Rückschnitt verträgt es ebenso schlecht wie Umpflanzen. Dafür kommt es mit lichtem Schatten gut zurecht. Der Judasbaum, der aus dem Mittelmeergebiet stammt, zeigt ein für europäische Pflanzen sehr seltenes Phänomen: die

Perlen auf Purpur: Clerodendrum trichotomum, Hamamelis mollis.

Stammblütigkeit, wissenschaftlich Kauliflorie genannt: Die rosa Schmetterlingsblüten, die seine Zugehörigkeit zu den Leguminosen und damit die Verwandtschaft zu Bohne und Lupine deutlich zeigen, entspringen direkt aus dem Holz. Tropische Pflanzen, etwa der Kakaobaum, zeigen diese Eigenart häufiger. Der deutsche Name von Cercis siliquastrum geht auf eine Legende zurück, nach der sich Judas, der Verräter Jesu Christi, an seinen Zweigen erhängt haben soll. In seiner Heimat spricht man dieses schöne Gehölz weitaus liebevoller an: Dort heißt es Baum der Madonna, oder, seiner Blütenpracht im Mai wegen, einfach Liebesbaum.

Kostbarkeit: Stewartia monadelpha.

Losbaum (Clerodendrum trichotomum)
Gattung: Verbenaceae, Laub abwerfender Strauch
Höhe: bis 6 m
Blütezeit: Spätsommer

Der Losbaum ist ebenfalls ein Grenzgänger: einer zwischen Kübel- und Gartenbewohner. Im Kübel ist er empfindlich, im Garten nicht völlig winterhart. Letzeres betrifft vor allem die gewöhnliche Form, Clerodendrum trichotomum var. fargesii ist besser an unser Klima angepasst. Einen möglichst warmen und geschützten Platz benötigt aber auch er. Das Fingerspitzengefühl, das der Losbaum verlangt, honoriert er auch. Seine stark duftenden Blüten sind ein besonders attraktives Schaustück für kalte Wintergärten. Die größte Pracht sind die Samenstände: Auf rosaroten, sternförmigen Kelchen liegen türkisfarbene Perlen – ein aus dem botanischen Rahmen fallender, ungewöhnlicher Winterschmuck. Auch die Zaubernuss hat noch mehr zu bieten als ihre bekannte Winterblüte: Viele Hamamelis-mollis-Arten tragen darüber hinaus eine besonders intensive herbstliche Laubfärbung.

Zaubernuss (Hamamelis mollis)

Scheinkamelie (Stewartia monadelpha, Stuartia monadelpha) Seite 183
Gattung: Theaceae, Laub abwerfender Baum
Höhe: bis 25 m
Blütezeit: Hochsommer

Die Scheinkamelie ist ein besonders kostbarer Baum. Schon deshalb, weil ihre Anzucht derart schwierig und kostenintensiv ist, dass für eine Jungpflanze beachtliche Preise zu entrichten sind. Doch neben ihrem finanziellen Wert macht auch ihre rundum exquisite Erscheinung zum einzigartigen Gartenjuwel. Sie ist, sozusagen, eine Kamelie unter veränderten Vorzeichen, ideal für alle Fans, die von diesen kühlen exotischen Schönheiten nie genug bekommen: Eine blühende Stewartia mildert einschlägige Entzugserscheinungen zuverlässig. Ihre edlen Schalenblüten gleichen nahezu denen der echten Kamelie, erscheinen aber im Hochsommer. Was den Standort betrifft, teilt sie mit der Kamelie die strikte Abneigung gegen Kalk, kann aber weit mehr Sonne und auch mehr Frost vertragen. Grenzenlos winterhart ist allerdings auch sie nicht, und vor allem die Jungpflanzen sollten im Herbst kräftig gemulcht werden. Auch gegen Wintersonne muss sie abgeschirmt werden. Diese Empfindlichkeiten gleicht sie mit weitaus mehr Vorzügen aus: In der leuchtend rotgoldenen Herbstfärbung ihrer Blätter ist sie jeder echten Kamelie überlegen. Beim älteren Baum verfärbt sich überdies die Borke in ein auffallendes Rotbraun und löst sich, ähnlich der einer Platane, in verschiedenen reizvollen Farbnuancen ab.

Seidenpflanze (Asclepias curassavica)
Gattung: Asclepiadaceae, immergrüner Halbstrauch
Höhe: um 1 m
Blütezeit: Spätsommer – Herbst

Asclepias curassavica ist ein echtes Highlight auf der Terrasse. Schon ihre eigene Schönheit wäre auffallend genug: Von Spätsommer bis in den Herbst hinein trägt sie reichlich Blütenbüschel von einem intensiven Gelborange, das ihr auf englisch den Namen „Sunset flower" eingetragen hat. Damit ist die Show zum Saisonfinale aber noch keinesfalls beendet: Den deutschen Namen Seidenpflanze nämlich verdankt sie den üppigen, fedrigen, weißen Schöpfen, an denen ihre braunen Samenkapseln schweben. Doch der vielleicht größte Reiz der Seidenpflanze liegt darin, dass sie noch größere Schönheiten anzieht, dass sie eine so herausragende Schmetterlingspflanze ist. Die gebürtige Südamerikanerin hat sich nordwärts weit über den amerikanischen Kontinent ausgebreitet und ist auch in den USA eine der bedeutendsten Futterressourcen für den Monarchfalter, dessen Raupen sich an ihr entwickeln. Auch in unseren Breiten sind die leuchtenden Blüten immer für prachtvollen Schmetterlingsbesuch gut, für die Bienen natürlich sowieso. Die Seidenpflanze ist nicht winterhart und sollte besser im Kübel gehalten werden. Der Kontakt mit ihrem Milchsaft kann heftige Hautreizungen verursachen.

Tipp: Terrasse ist nicht alles: Mobile Seidenpflanzen im Kübel sind ideal, um spätsommerliche Schmetterlingsparadiese zu erschaffen. Je nach Bedarf werten sie alleine sterile Ecken auf oder lassen sich mit anderen Falter-Magneten wie Buddleja kombinieren.

Schmetterlingstraum: Asclepias curassavica.

Glück bringende Gesellschaft: Ilex aquifolium 'Gold Flash'.

Stechpalme (Ilex aquifolium)
Gattung: Aquifoliaceae, immergrüner Strauch oder Baum
Höhe: bis 25 Meter

Der Ilex gehört, ähnlich wie die Christrose, zu den einheimischen Gewächsen, die in ganz Europa seit jeher von Magie und Geheimnis umgeben sind. Er ist etwas ganz Besonderes: Sein seltsamer, immer unnahbar und jederzeit verteidigungsbereit wirkender Habitus im Gegensatz zu einladend immergrünem Laub und leuchtendrotem Beerenschmuck im Winter machen ihn zu einer herausragenden Erscheinung in unseren Wäldern. Von seiner Giftigkeit ganz zu schweigen. Seine korallenroten Früchte können tödlich sein, und an keiner Pflanze vergiften sich hierzulande Kinder öfter. Ilex ist derart dekorativ und scheint derart mächtig, dass ihn schon die Kelten als winterlichen Hausschmuck benutzten. Ein Brauch, der vom Christentum übernommen wurde und dem der „Holly" seine heutige Bedeutung im angelsächsischen Weihnachtsbrauchtum verdankt. Die Römer beschenkten sich zum Saturnalienfest ums Jahresende mit Ilex als Zeichen für Gesundheit und Glück, und überall in Europa sollte die Präsenz seiner so sichtbar wehrhaften Zweige böse Geister von Haus und Hof fernhalten. Die guten Geister dagegen begaben sich gern in ihren Schutz: Druiden dekorierten ihre Häuser mit Ilex, um in diesem ebenso naturnahen wie magischen Ambiente den Waldgeistern ein angenehmes Winterquartier zu bieten.

Für heutige Ilexfreunde und Schutzbedürftige hat es keinen Sinn mehr, die zauberkräftige Pflanze, wie früher üblich, selbst im Wald zu sammeln. Erstens könnte das auf viele frustrierende Tagesmärsche hinauslaufen, da wilder Ilex selten ist, zweitens und vor allen Dingen steht er unter strengem Naturschutz. Wieder einmal haben Gärtner es besser: Sie können auf einfachere Weise in seine Glück bringende Gesellschaft kommen. Ilex toleriert nahezu jeden Standort zwischen nicht zu praller Sonne und Schatten, braucht aber unbedingt hohe Luftfeuchtigkeit und Schutz vor austrocknenden Winden. Außerdem legt er, so abweisend stachelig er wirkt, gelegentlich großen Wert auf einen heißen Flirt. Botanisch korrekt heißt das: Ilex ist zweihäusig. Männliche und weibliche Blüten sitzen auf verschiedenen Pflanzen, und ein Ilex alleine wird nie Beeren tragen. Wer ihn in voller Pracht erleben möchte, muss auf einen Partner in nicht allzu großer Entfernung achten. Außer klassisch dunkelgrün gibt es viele panaschierte Sorten, von solchen mit nur leicht gelben Blatträndern bis hin zu beinahe gescheckten. Es gibt Ilex, deren stachelstarrende Blätter an zusammengerolle Igel erinnern und pazifistische Vertreter, die beinahe völlig abgerüstet haben. Wenn im Garten Platz für seine archaische Erscheinung ist, kann ein Ilex nie schaden. Vielleicht schützt er ja tatsächlich das Haus vor Blitzschlag und bösem Zauber. Vor bösem Besuch auf alle Fälle: Ilex ist sehr schnittverträglich, lässt sich also gut in Form bringen und kann mit der Zeit geradezu mörderische Hecken ergeben. Und ob heidnisch, christlich oder ganz prosaisch atheistisch – die Symbolik, die ihn umgibt, ist seit Urzeiten immer dieselbe: Sein glänzendes winterliches Grün, zusammen mit dem leuchtend roten Beerenschmuck, steht für Wohlwollen, Hoffnung und Zuversicht. Davon kann ein Garten sicher nie genug haben – vor allem im Winter nicht!

Tipp: Für prachtvolle Winterdekorationen lohnt es sich auch, den amerikanischen Ilex verticillata anzupflanzen. Er ist Laub abwerfend, hält aber die üppigen roten Beeren.

Magnolie (Magnolia × soulangeana 'Lennei')
Gattung: Laub abwerfender Strauch
Höhe: bis 3 m
Blütezeit: April–Mai

Die Magnolie ist zwar der strahlende Baum des Frühlings – doch auch unter den kaiserlichen Gehölzen gibt es Grenzgänger. Magnolia sieboldii etwa zieht es vor, das Schema zu sprengen, und ihre späte und ungewöhnlich lange Blütezeit hat ihr den Namen Sommermagnolie eingebracht. Von etwa Ende Mai bis in den Spätsommer öffnet sie ihre exquisiten schalenförmigen Blüten, die aussehen wie große, alabasterweiße Kamelien mit roter Mitte. Magnolia sieboldii ist ein Strauch, bleibt kleiner als einige der riesigen Magnolienbäume und ist damit auch für kleinere Gärten geeignet, benötigt aber wie die ganze Sippe einen geschützten Platz. Vor Spätfrösten ist ihre Blüte immerhin sicher. Die Sommermagnolie braucht auch weniger Sonne als die Verwandtschaft und kommt mit Halbschatten gut zurecht. Auch sie sollte zum Winter gemulcht werden, da extrem tiefe Minusgrade ihre flachen Wurzeln schädigen. Die Blütenknospen schützen sich durch ihren dicken, flaumigen Pelz selbst vor Kälte.

Viele andere Magnolien, unter ihnen die Tulpen-Magnolien, blühen ebenfalls nicht immer nur im Frühjahr. In einem langen, milden Herbst schieben viele noch einmal eine Blüte nach, die allerdings auf Kosten der des nächsten Frühlings geht. Gelegentlich bilden Magnolien auch ihre bizarren Samenstände aus, die ein wenig an winzige, zwischen den Blättern lauernde Krokodilgesichter mit hervorquellenden Glotzaugen erinnern. Magnolienfreude ist also nicht unbedingt immer ans frühe Frühjahr gebunden, und selbst, was die strengen Standortansprüche angeht, machen die kaiserlichen Gehölze mitunter überraschende Zugeständnisse. So berichtet etwa Johannes Roth in seiner „Gartenlust" aus Frankfurt: „Dass die dickste Magnolie unseres Stadtviertels an einer zugigen Nordostecke steht, beweist wieder: Keine Regel ohne Ausnahme."

Magnolia nobel: Magnolia × soulangeana.

Magnolia stellata, bepelzt.

Magnolia sieboldii, sommerlich.

Pillenbrennnessel, Römische Nessel (Urtica pilulifera) Seite 191 rechts
Gattung: Urticaceae, einjährige Pflanze
Höhe: um 50 cm
Blütezeit: April–Juni

So nützlich, so unentbehrlich sie auch immer ist – zu Gärtners Liebling avanciert die Brennnessel eher selten. Dazu ist sie zu wehrhaft, zu unbesiegbar und zu wenig dekorativ. Geringfügig mehr Aussichten auf dieses Prädikat hätte da vielleicht die Römische Nessel, deren nützliche Eigenschaften denen unserer Großen Brennnessel weitgehend entsprechen, deren Auftreten aber deutlich einnehmender ist. Sie wird nicht so riesig, ist nicht so hart und neigt nicht derart zu bis an die Blattspitzen bewaffneten Eroberungszügen. Kommt sie im Garten vor, kommt sie entweder als kurzlebiger Kulturflüchtling oder auf Einladung. Dafür, sie spaßeshalber einmal als verblüffenden, wenn auch sorgsam zu umgehenden Blickfang ins Revier zu holen, spricht tatsächlich einiges: Die Römische Nessel gehört zu den sozusagen grafischen Pflanzen, die bei genauem Hinsehen einiges zu bieten haben: Schönheit en detail als Abwechslung im üppigen Bunt. Bei ihr sind es die drallen, kugeligen weiblichen Blütenstände, die gleich in ganzen Büscheln erscheinen und ihr den Namen Pillenbrennnessel eintrugen.

Überwiegt ihre Angriffslust ihre optischen Qualitäten, hat die Römische Nessel vor der rabiaten einheimischen Schwester immer noch einen nicht hoch genug zu schätzenden Vorzug: Sie ist in unseren Breiten nicht winterhart und hat daher keine Chance, eines Tages den Garten zu übernehmen.

Krokodilgesicht: Samenkapsel von Magnolia × soulangeana.

Samen in Kapseln und Pillen: Hosta Hybride ...

... und Urtica pilulifera.

Kermesbeere (Phytolacca americana)
Gattung: Phytolaccaceae, Staude
Höhe: bis 4 m
Blütezeit: Hochsommer – Frühherbst

Die Kermesbeere gehört zu den Pflanzen, die die Bezeichung „Grenzgänger“ eindeutig zu wörtlich genommen haben. Das kräftige, vitale Gewächs stammt aus Amerika und wurde in Europa zuerst in Weinbaugebieten angebaut. Nicht zufällig, sondern eher als Akt diskreter Wirtschaftsförderung: Der Saft ihrer intensiv gefärbten Beeren verhalf dem Rotwein oft zu genau der beeindruckend tiefen und satten Farbe, derer er bis dahin ermangelt hatte. Das war zwar durchaus verkaufsfördernd, aber gleich doppelt riskant: Einmal ist die gesamte Pflanze mit Ausnahme des Fruchtfleisches giftig, vor allem die Samen. Werden die nicht sorgsam entfernt, wird es problematisch. Zum anderen erwies sich die kraftstrotzende Kermesbeere sehr schnell als erfolgreiche Ausbrecherin aus menschlicher Obhut. Sie verbreitete sich in Massen, zunächst über die Weinbaugebiete und vor allem in Südfrankreich, wo sie zum lästigen Neophyten wurde. Rauhes Klima setzt ihrem Siegeszug jedoch zuverlässig Grenzen: Dort benötigt sie Winterschutz.

Ein Gartenbewohner also, den man besser im Auge behält, aber das tut man sowieso. Es ist faszinierend, die Kermesbeere zu beobachten. Nur wenige Pflanzen kommen ihr, günstiges Klima vorausgesetzt, an Wüchsigkeit und Vitalität gleich. Ihre fleischige Pfahlwurzel ist enorm, und selbst, wenn der Austrieb noch spät im Mai vom Frost vernichtet wird, hat sie allemal Kraft genug, prompt und kräftig wieder durchzutreiben. Die Sprosse sind rot gezeichnet, und rot bis schwarzviolett sind auch die Früchte, die gefährlich verlockend an Trauben von Brombeeren erinnern. Dieser intensiv gefärbten Früchte wegen, deren Saft als von altersher als Allround-Farbstoff genutzt wurde, kam sie in Kultur, ihnen verdankt sie auch ihre Namen: „pyton“ ist

An ihren Früchten sollt ihr sie erkennen: Phytolacca americana.

griechisch und bedeutet „Pflanze“, „lacca“ für Lack stammt aus dem Italienischen, „kermes“ schließlich heißt auf arabisch rot. Alles in allem ein stolzes, beeindruckendes Multifunktions-Gewächs – aber zweifellos ein Rüpel im Beet. Stinken tut es übrigens auch.

Blüten von Calycanthus floridus.

Gewürzstrauch, Carolina-Nelkenpfeffer (Calycanthus floridus)
Gattung: Calycantaceae,
Laub abwerfender Strauch
Höhe: um 2,5 m
Blütezeit: Mai–Sommer

Der Gewürzstrauch ist ein Gartenbewohner der ungewöhnlichen Art: Man riecht ihn fast schon, bevor man ihn sieht. Das Odeur von Nelken und Erdbeeren, das einen blühenden Gewürzstrauch vor allem an warmen Abenden umweht, ist derart intensiv, dass es ihm in seiner amerikanischen Heimat auch die Namen „Erdbeerstrauch“ oder „süßer Strauch“ eingetragen hat. Calycanthus floridus ist ein Verwandter des Lorbeer, und seine Rinde enthält derart viele ätherische Öle, dass sie sogar noch getrocknet stark nach Nelke duftet. Die in Carolina ansässigen Cherokee nutzten ihn zum Würzen von Speisen. Heutige Zurück-zur-Natur-Freaks, die dieses garantiert authentische Indianerrezept im eigenen Garten nachmachen wollen, sind gut beraten, diese Entscheidung noch einmal zu überdenken. Auf alle Fälle sollte man äußerstes Fingerspitzengefühl walten lassen: Als unangenehm wirksames Brechmittel ist der Gewürzstrauch nämlich ebenso bekannt, und die Samen sind sogar giftig. Das Gehölz toleriert Sonne und Halbschatten, möchte in fruchtbarer, feuchter, humoser Erde stehen und ist winterhart. Trockenheit verträgt es nicht. Die einzelstehenden Blüten, die wie spitzblättrige kleine Seerosen über dem dunklen Laub stehen, werden von Käfern bestäubt.

Grandezza in Blau: Agapanthus.

Mobile Pracht: Highlights im Kübel

Schmucklilie (Agapanthus)
Gattung: Liliaceae, immergrüne oder Laub abwerfende Staude
Höhe: bis 1,50 m
Blütezeit: Sommer

Agapanthus ist ein Klassiker im Kübel. Sooft man ihn auch sieht, er bleibt der Star von Wurzel bis Blüte: ein glänzender, gleichzeitig nobel und zerzaust wirkender, üppiger Blattschopf – und hoch darüber, exquisit jede einzelne, die Blütenkugeln aus Glocken und Sternen in betörendem Blau. In jener tiefsten, rätselhaftesten aller Farben, die schon Karl Foerster zu einigen seiner schönsten literarischen Kabinettstückchen hinriss. Überschäumende Gartenfreude, ebenso überschäumende, doch ewig unerwiderte Liebe zur Metapher und nüchterner Blick aufs Geschäft mischen sich darin auf das Unterhaltsamste, die unfreiwillige Komik ist bestechend: „Immer mannigfaltigere blaue Blumen wurden durch Zuchtarbeit zu reinem Blaufeuer geschliffen. Die ‚Blaue Blume der Romantik' wird dabei in fortschreitendem Maße auf feste, praktische Grundlage gestellt, was auch der Romantik zugute kommt. Das heißt also: Die blauen Blumengewächse werden zu wachsender Gartendienstbereitschaft jeder Art erzogen."

Was den Agapanthus angeht: Die Romantik dieser vornehmen Erscheinung ist offensichtlich, erst recht, wenn ein gebührendes Domizil sie unterstreicht. Seine Gartendienstbereitschaft sichern am besten ein geräumiger Kübel lehmhaltiger, kräftig gedüngter Erde und der sonnigste vorhandene Platz, denn Agapanthus ist Südafrikaner. Es gibt ihn in zwei Varianten. Die große, königliche, immergrüne allerdings benötigt, was viele Gärtner ihm heutzutage nicht so leicht bieten können: einen kühlen, aber frostfreien Überwinterungsplatz. Härter, wenn auch etwas weniger spektakulär sind die Laub abwerfenden Sorten, die in günstiger Lage und mit Winterschutz auch ausgepflanzt lange gedeihen können. So oder so: Wer einem Agapanthus Sonne satt bieten kann, sollte sein Anwesen unbedingt mit ihm teilen. Schon, um in seiner schweigenden Gegenwart vielleicht doch noch Karl Foersters vieldeutiges Fazit enträtseln zu können: „Blau ist ein seltsam anderes Etwas."

Gefleckte Schachbrettblume (Fritillaria meleagris) Seite 196
Gattung: Liliaceae, einheimische Zwiebelpflanze
Höhe: 25 cm
Blütezeit: April

Sie ist einen knappen Viertelmeter hoch, zart wie Filigran, anmutig wie ein japanischer Farbholzschnitt – und ein Garten-Highlight schlechthin: Fritillaria meleagris, die gefleckte Schachbrettblume. Sie ist eines der verblüffendsten Lebewesen dieses Planeten: die Blume, die es so nicht geben dürfte. Ihre Blüte ist kariert, winzig in perfektem 90-Grad-Design, und damit ein lebender Widerspruch zum ehernen Biologielehrer-Grundsatz: „In der belebten Natur gibt es keinen rechten Winkel!" Es gibt ihn eben doch, und es sollte zumindest nicht verwundern, dass gerade die Schachbrettblume die Ausnahme von der scheinbar so unumstößlichen Regel geschafft hat. Fritillarien nämlich sind ohnehin eine Familie lebender Rätsel: Ihre Zellen enthalten die höchste überhaupt bekannte Menge an DNS, der „Blaupause" eines jeden lebenden Organismus. Die der Rekordhalterin, Fritillaria assyriaca, sogar fünfundzwanzigmal mehr als eine Menschenzelle. Warum oder wozu das so ist, weiß bis heute niemand, ebenso wie niemand weiß, warum die Schachbrettblume sich, anders als alle anderen, ausgerechnet fürs Karo entschieden hat.

Gärtner, die dieses geradezu provozierend geometrische Stück Natur gern aus der Nähe bewundern, haben zwei Alternativen: Aller Aprilnässe zum Trotz regelmäßig vor ihr niederzuknien, um ihre einmalige Zeichnung zu genießen, oder, viel bequemer, einige von ihnen gleich in Topf oder Schale zu halten. Die Schachbrettblume macht das willig mit, solange die Erde feucht, aber bestens drainiert und leicht sauer ist.

Individualismus pur: Fritillaria meleagris.

Sie möchte auch im Pflanzgefäß draußen überwintern, muss vor eisigem Kahlfrost aber geschützt werden. Fritillaria meleagris schätzt Flüssigdünger in der Austriebphase, ist aber, wie viele Wildpflanzen, empfindlich gegenüber zuviel Stickstoff. Empfindlich sind auch die weißen Zwiebeln: Ihnen fehlt die schützende Außenhülle, und sie vertrocknen oder verfaulen sehr schnell. Die kapriziöse Erscheinung der Schachbrettblume umgibt immer ein deutlicher Hauch von Exotik, der sie auf nassen norddeutschen Frühlingswiesen seltsam deplaciert erscheinen lässt. Ein erleseneres Ambiente, etwa eine schöne Schale, unterstreicht ihre Einmaligkeit und bringt sie überdies auf Augenhöhe. So ist auch noch besser zu erkennen, dass die kapriziöse Kleine wirklich die Individualistin par excellence ist: Obwohl sie an Wildstandorten in Massen auftritt, gleicht keine einzige Blüte je der anderen. Nicht alle Schachbrettblumen sind akkurat kariert, saloppere Exemplare lassen es bei einem verwaschenen Tupfenmuster bewenden, weiße Blüten zeigen immerhin mit einem grünen Anflug des namensgebenden Musters den Willen zum Außergewöhnlichen. Bildschön sind sie alle – und dazu eine lebende, vergnügliche Erinnerung daran, dass das Unmögliche mitunter eben doch möglich ist.

Tipp: Schachbrettblumen dürfen niemals kurz gepflückt werden, dann stirbt die Zwiebel ab. In Gefäßen lassen sie sich aber, wenigstens zeitweise, gut mit ins Zimmer nehmen. Bei Wärme wird auch ihr herber Duft spürbar, der stark an schwarze Johannisbeeren erinnert.

Zwischen Rose und Brombeere: Rubus spectabilis.

Rosenbrombeere (Rubus spectabilis 'Olympic Double') Seite 197
Gattung: Rosaceae, Laub abwerfender Strauch
Höhe: um 2 m
Blütezeit: Frühlingsmitte

Rubus spectabilis, die amerikanische Verwandte unserer Him- und Brombeeren, hat eine für Gärtner überaus erfreuliche Entscheidungsschwäche, der sie auch ihren deutschen Namen verdankt: Sie sieht einerseits aus wie ein Himbeerstrauch mit Brombeerblättern, schlägt aber andererseits bei der Blüte weit aus der unscheinbaren Art und orientiert sich eher an einer anderen Verwandten: an der Rose. Rubus spectabilis schiebt wunderschöne, leuchtend pinkfarbene Mini-Rosenblüten, normalerweise einfach, bei der Sorte 'Olympic Double' sogar gefüllt. In seinem Hang, undurchdringliche Dickichte zu bilden, gleicht der aufrechtstehende Strauch dann wieder sehr der Beerensippschaft, ist aber glücklicherweise eher schwach bestachelt. In einem großen Kübel ist er bestens aufgehoben und schon mit seinem gefiederten hellen Laub immer eine Zierde, die aus der Ferne an einen niedrigen Ahorn erinnert. Rubus spectabilis möchte feuchte, mäßig fruchtbare Erde in Sonne oder Halbschatten, und natürlich trägt der Strauch auch essbare Früchte. Die sind unscheinbarer als Himbeeren, die Vögel finden sie aber trotzdem meist schneller als die Gärtner.

Schopflilie (Eucomis bicolor)
Gattung: Hyacinthaceae, Zwiebelpflanze
Höhe: 30–60 cm
Blütezeit: Spätsommer–Frühherbst

Wer sein heimisches Revier gern mit Exotischem teilt und dann, in dessen inspirierender Gesellschaft, auf der Terrasse entspannte Tropenträume träumt, der ist mit der

Eindeutig exotisch: Eucomis bicolor.

Schopflilie bestens bedient. Die auffallende Afrikanerin ist zwar nicht allzu groß, aber dafür um so ausgefallener und ein unfehlbarer Blickfang: Vom Spätsommer an ist ihr hoher Stängel dicht an dicht mit blassgrünen, rosagerandeten Sternchenblüten bedeckt, keck gekrönt von einem Blattschopf, der ihr auch den Beinamen „Ananasblume“ eingebracht hat. Zur Samenreife verfärbt sich dieser Kopfputz, ebenso wie die Blüten, in ein fast artifiziell wirkendes Rosagelb. Da die Zwiebeln der Schopflilie frostempfindlich sind, ist auch sie besser in einem Pflanzgefäß aufgehoben. Diese Zwiebeln werden etwa 15 cm tief in fruchtbare, gut drainierte Erde gesetzt. Die Schopflilie liebt Sonne, aber keine pralle Mittagsonne und braucht einen geschützten Standort. Übergossen werden mag sie ebenfalls nicht.

Herbstlicher Einklang: Leucothoe fontanesiana, Mahonia × media 'Winter Sun'.

Traubenheide (Leucothoe fontanesiana)
Gattung: Ericaceae, immergrüner Strauch
Höhe: 1–2 m,
Blütezeit: Frühjahr

Mahonie (Mahonia × media 'Winter Sun')
Gattung: Berberidaceae, immergrüner Strauch
Höhe: bis 5 m
Blütezeit: Spätherbst–Winter

Die Traubenheide lebt aus gleich mehreren Gründen besonders gern im Schutz eines Gefäßes: Zum ersten hat sie als Moorbeetpflanze Standortansprüche, die in normalen Gärten oft nicht zu erfüllen sind. Zum zweiten ist sie nicht unbegrenzt winterhart und sollte notfalls besser in Sicherheit gebracht werden können. Zum dritten und vor allem aber ist der niedrige, immergrüne Strauch ein viel zu exquisiter Blickfang, um Gefahr zu laufen, irgendwo im Beet unterzugehen. Besonders in Herbst und Winter wirkt er sensationell: Sein schmales Laub verfärbt sich bei Kälte rostrot und bleibt über Winter in dieser Farbe erhalten. Stimmungsvoll Rotton in Rotton begleitet wird sein großer Auftritt von zwei Jungpflanzen von Mahonia 'Winter Sun'. Mahonien wachsen sehr langsam und geben deshalb über lange Zeit dekorative und ausdauernde Kübelpflanzen ab. Im Sommer nehmen sie unscheinbar und anspruchslos mit fast jedem Standort vorlieb, im Spätherbst und Frühwinter rücken sie in den Mittelpunkt des Gartengeschehens. Dann nämlich blühen sie, die Hybridsorte 'Winter Sun' sogar in langen, duftenden Trauben. Auch sonst ist 'Winter Sun' besonders dazu geeignet, im Gefäß präsentiert zu werden: Ihre feuerrote Laubfärbung ist prächtig, und sie verzweigt sich beim Wachsen kaum, sieht also lange aus wie ein dekoratives kleines Bäumchen.

Unübersehbar: Coleus blumei 'Dipt in Wine', Pennisetum setaceum 'Rubrum', Gaura lindheimeri 'Karalu Petite'.

Buntnessel (Coleus) Seite 200
Gattung: Labiateae, Halbstrauch
Höhe: bis zu 50 cm
Pennisetum setaceum 'Rubrum'
Gattung: Onagraceae, einjähriges Ziergras
Höhe: bis 1,50 m
Blütezeit: Spätfrühjahr–Frühherbst
Prachtkerze (Gaura lindheimeri 'Karalu Petite') Seite 200
Gattung: Onagraceae, buschige Staude
Höhe: bis 1,50 m
Blütezeit: Spätfrühjahr–Frühherbst

Rot ist unübersehbar, und kaum irgendeine Pflanze zeigt ein intensiveres Rot in ihren Blättern als Coleus, die Buntnessel. Lange als Großmutters staubige Gruselbotanik verschrien, erlebt die anspruchslose Farbenfrohe heute ein großes Comeback in immer neuen Varianten. Da sie im Topf bestens gedeiht, bietet sie sich für verspielte Kombinationen zwischen Topf- und Beetbepflanzung ebenso an wie als jederzeit und überall einsetzbarer Farbtupfer. Coleus braucht volle Sonne, um ihre Färbung komplett ausbilden zu können, ansonsten verlangt sie, außer viel weichem Wasser, nur eine regelmäßige Mühe: Ihre unscheinbaren Blüten müssen entfernt werden, sonst verlieren die Blätter viel von ihrer Pracht. Echte Buntnessel-Fans zupfen die Lippenblüten gefühlvoll einzeln mit der Pinzette aus, abgebrühteren Gärtnergemütern reicht der schnelle Scherenschnitt. Wirkungsvoll unterstrichen und gleichzeitig gedämpft werden sowohl das Farbspektakel als auch die ausladend füllige Gestalt der Buntnessel von Pennisetum setaceum 'Rubrum', das von Wurzel bis Ähre in reserviertem Schwarzrot auftritt. Leichtigkeit und zarte Blütenfülle Ton in Ton bringt die dritte Partnerin in diese leidenschaftlich gefärbte, spannungsreiche Kombination: Gaura lindheimeri, die Prachtkerze. Auch diese Nordamerikanerin ist sonnenhungrig, verträgt aber zur Not auch Halbschatten.

Engelstrompete, Stechapfel (Brugmansia) Seite 202/203
Gattung: Solanaceae, immergrüner Baum oder Strauch
Höhe: bis 10 m
Blütezeit: Spätfrühling–Herbst

Wer sich dieses ebenso schöne wie unheimliche Nachtschattengewächs in den Garten holt, sollte unbedingt wissen, mit wem er sich da einlässt: Brugmansia, auch Datura genannt, eine enge Verwandte unseres einheimischen Gemeinen Stechapfels, ist hochgiftig. Bei dieser Pflanze ist alles seltsam überdimensional: ihre Höhe und die Größe ihrer Blätter und Blüten ebenso wie die Gefahr, die schlimmstenfalls von ihr ausgehen kann. Diese seltsame, ebenso betörende wie beunruhigende Fremdheit macht einen großen Teil ihrer Faszination aus. Schon ihre aus dem Rahmen fallende tropische Erscheinung lässt sich schwer im Garten integrieren und kommt am besten als Solitär in einer formalen Anlage zur Geltung. Das rundum mächtige Gewächs will unbedingt dominieren und schätzt daher höchstens optisch unterwürfige Gesellschaft wie die von geschnittenem Buchs. Brugmansia bevorzugt lehmhaltige, kräftig gedüngte Erde, benötigt viel Wasser, einen sonnigen Standort und Umsicht im Umgang. Anders als der ebenfalls hochgiftige Eisenhut, der sozusagen nur attackiert, sobald er selbst angegriffen wird, rundet die Engelstrompete ihr Repertoire nämlich noch mit chemischer Kriegsführung ab und rückt Gärtnern gelegentlich unerwünscht dicht auf die Sinne: Schon der betäubende, narkotische Geruch, der in der Dämmerung ihren riesigen Trompetenblüten entströmt, kann Vergiftungserscheinungen verursachen.

Diese hochpotente Pflanze ist von den Ureinwohnern ihrer südamerikanischen Heimat jahrhundertelang als Rauschmittel bei rituellen Zeremonien benutzt worden. Auch die einheimische Verwandtschaft, der Gemeine Stechapfel, hat da einen großen einschlägigen Ruf: Einst gehörte er, etwa als Bestandteil halluzinogener Hexensalben, zu magischen Ritualen. Zu völlig ungewollten Träumen dagegen verhalf er den Opfern von K.o.-Tropfen, die aus seinen Extrakten gewonnen wurden. Überall,

wo diese Pflanzengattung vorkommt, war ihr Gift jahrhundertelang für Rausch und Mord gleichermaßen beliebt. Wer kleine Kinder hat, sollte auf die Kultur von Engelstrompeten vorsichtshalber verzichten, und sogar aus der Reichweite übermäßig experimentierfreudiger Teenager hält man seine Bestände besser fern.

In den letzten Jahren hat es schwere Vergiftungsfälle gegeben, weil ganze Cliquen die Pflanze für den risikolosen Bio-Rausch benutzen wollten. Dummerweise jedoch ist die Wirkung von Datura völlig unberechenbar und niemals auch nur annähernd sicher zu dosieren. Die Konzentration von Scopolamin und Atropin, den am höchsten toxischen Wirkstoffen, schwankt von Pflanze zu Pflanze, sogar von Pflanzenteil zu Pflanzenteil. Das Ergebnis ist Russisches Roulette auf botanisch: Bestenfalls enden ernsthafte Missgriffe in der Psychatrie, schlimmstenfalls auf dem Friedhof – was dem Namen „Engelstrompete" noch einen besonders sinistren Beiklang verleiht. Der Satiriker Walter Moers brachte diese High-Lights der ganz und gar unerwünschten Art unmissverständlich auf den Punkt: „Wenn Sie Wert darauf legen sollten, sich einmal zu fühlen wie der Hauptdarsteller in einem Hieronymus-Bosch-Gemälde, dann brauen Sie sich einfach einen Stechapfeltee. Diese nicht zu unterschätzende Naturdroge wächst in jedem besseren deutschen Gehölz und fällt nicht unter das Betäubungsmittelgesetz. Vorsicht allerdings bei der Dosierung: Es gilt die Faustregel: Wenn ungefähr eine Stunde nach Einnahme der Droge die gesamte Belegschaft der ‚Versuchung des heiligen Antonius' auf einen Sprung vorbeikommt, war die Dosierung richtig, wenn Sie mit Schaum vor dem Mund an die Tragbahre geschnallt zum Notarztwagen getragen werden, zu hoch. In beiden Fällen werden Sie eine interessante Zeit haben – wenn Sie es interessant finden zu wissen, wie sich ein klinischer Paranoiker auf der Höhe eines schizoiden Schubs fühlt. Die schlimmsten Halluzinationen klingen schon nach einigen Tagen ab."

Engelstrompeten gehören also unbedingt, sicher und gut gesichert, ausschließlich in Gärtnerhand. Auch rein optisch orientierte Pflanzenfreunde sind natürlich keinesfalls davor gefeit, ihrem dämonischen Charme vollständig zu verfallen, brauchen aber zumindest keine chemische Nachhilfe, um mit der schönen Mörderin glücklich zu sein: Einen Kick ohne Reue verschafft diesen Datura-Fans schon ihr bloßer, überwältigender Anblick. Für die aus anderen Gründen am Stechapfel Interessierten hat Moers ohnehin eine – vielleicht nicht ganz ernst gemeinte – Alternative parat: „Mit einer verdorbenen Fischkonserve lassen sich sehr ähnliche Resultate erzielen."

Dämonischer Charme: Datura in Töpfen zwischen Buchsbaum-Formschnitt.

Gartenliste, Gärtnereien und weiterführende Literatur

Die Fotografin und der Verlag möchten sich bei folgenden Gartenbesitzern, Gärtnerei-Betrieben und öffentlichen Parks bedanken, die durch ihre freundliche und hilfreiche Unterstützung zu diesem Buch beigetragen haben:

Algra, Mary und Siebeke, Dalfsen/NL: S. 182 – **Arboretum Baumpark,** Ellerhoop-Thiensen: S. 7, 19, 22, 99, 118 li., 118 re., 125, 174, 175, 188 – **Arboretum,** Kalmthout/BE: S. 192, 193 – **Arnoldshof,** Wijchen/NL: S. 24 re., 152 – **Bayr. Landesanstalt für Wein- u. Gartenbau, Versuchsgarten Stutel,** Veitshöchheim: S. 58, 59 – **Borstel-Jonkhans, Else,** Hattingen: S. 20, 33, 66 o. re, 109 li. – **Botanischer Garten,** München: S. 126 – **Botanischer Garten,** Utrecht/NL: S. 147 – **Chatho, Beth,** Elmstead Market/GB: S. 123 – **Chelsea Flower Show,** London/GB: S. 21, 55 li. –**De Hessenhof, Gärtnerei,** Ede/NL: S. 170 o. li., 170 o. re. – **De Rhulenhof, Schaugarten,** Ottersum/NL: S. 194 – **Dingemans, Laura,** Heerle/NL: S. 15, 154 re. – **Ehmanns, Dagmar und Herbert,** Geldern: S. 32, 189 re. – **Exbury Gardens,** Southampton/GB: S. 17 – **Fülling, Sabine,** Hattingen: S. 154 li. – **Gaißmayer, Dieter, Gärtnerei,** Illertissen: S. 11, 119 li., 156, 160 – **Göwert, Maria und Reinhard,** Ostbevern: S. 68 – **Gräfin von Zeppelin, Gärtnerei,** Sulzburg-Laufen: S. 29, 52 alle, 70, 72 o. re. – **GRUGA-Park,** Essen: S. 8, 13, 26, 42 re., 60 li., 84, 85, 86 u. li., 108, 135, 148, 173, 180 beide, 183, 189 li. – **Härle, Regina,** Oberkassel: S. 127 – **Hendriks, Els und Charles, Gärtnerei,** Venlo/NL: S. 185, 202, 203 – **Insel Mainau**: S. 5, 177 – **Jansen, Coen, Gärtnerei,** Dalfsen/NL: S. 112 – **Keukenhof,** Lisse/NL: S. 9, 23, 27, 38 alle, 41 alle, 92, 94 alle, 96, 97, 103, 139, 142 li., 176 – **Kientzler, Jungpflanzen,** Gensingen: S. 200 – **Kley-Sehrbrock, Fam.,** Velbert-Nierenhof: S. 155 – **Kloeg, Lidy,** Arnheim/NL: S. 35, 50 li., 56 li., 90, 91, 109 re., 142 re., 145 – **Krautwig, Christel und Herward**: S. 6 – **Kreislehrgarten Steinfurt,** Steinfurt: S. 37, 131 – **Langendijk, Loes,** Bergen (NH)/NL: S. 102 – **Lehr- und Versuchsanstalt Aurich,** Bad Zwischenahn: S. 150 – **Lorenz, Sabine und Brand, Toni,** Bergheim: S. 66 o. li, 66 u. li., 190 – **Malchau, Heinz,** Essen: S. 43, 48, 167 – **Merriments Gardens,** Hurst Green/GB: S. 71, 197 – **Messer, Fam.,** Limburgerhof: S. 57 – **Nebelung, Bruno,** Everswinkel: S. 10, 34, 62, 72 o. li., 72 u. re., 75, 76, 77 – **Oudolf, Anja und Piet, Gärtnerei,** Hummelo/NL: S. 78 – **Peters, Jürgen, Gärtnerei,** Uetersen: S. 14 – **Rosarium,** Uetersen: S. 115 – **Rosenbaumschule Tantau,** Uetersen: S. 116 re. – **Schwieters, Paul, Baumschule,** Rosendahl-Holtwick: S. 51, 72 u. li., 120, 122, 146, 158, 161 o. re., 161 u. re., 162, 165, 196, 198 – **Schwieters, Wilhelm, Gärtnerei,** Legden: S. 80, 81 – **Syngenta Seeds,** Kleve: S. 24 li., 44, 45, 63, 98, 105 – **Tieben, Ilona,** Kleve: S. 200 – **van Steeg, Elli und Hans,** De Heurne/NL: S. 132, 136 – **Waldorf, Günter,** Nettetal: Inhalt und S. 30 – **Westfalenpark,** Dortmund: S. 64, 65, 66 u. re., 114, 116 li., 124, 129, 130

Alle übrigen Fotos stammen aus dem Garten der Fotografin Ursel Borstell, Essen.

Bruno Nebelung GmbH & Co. KG
Kiepenkerl-Pflanzenzüchtung
Postfach 1263
D-48348 Everswinkel

Baumschule Eva und Paul Schwieters
Schlee 8
D-48720 Rosendahl-Holtwick

Rosenwelt Tantau
Tornescher Weg 13
D-25436 Uetersen

Rosen W. Kordes' Söhne
Rosenstraße 54
D-25365 Klein Offenseth-Sparrieshoop

Staudengärtner Klose
Rosenstraße 10
D-34253 Lohfelden

Staudengärtnerei
Gräfin von Zeppelin
D-79295 Sulzburg - Laufen/Baden

Staudengärtnerei Jürgen Peters
Auf dem Flidd 20
D-25436 Uetersen

Clematis F. M. Westphal
Peiner Hof 7
D-25497 Prisdorf

Staudengärtnerei Dieter Gaissmayer
Jungviehweide 3
D-89257 Illertissen

Gärtnerei Anja und Piet Oudolf
Broekstraat 17
NL-6999 DE Hummelo

Gärtnerei Coen Jansen
Ankummer Es 15
NL-Dalfsen

Kübelpflanzengärtnerei Els und Charles Hendriks
Straelsebosweg 14
NL-5616 RG Venlo

Literatur

Austin, David: „Alte Rosen u. Englische Rosen", „Strauchrosen und Kletterrosen", DuMont, 1992/1995
Foerster, Karl: „Blauer Schatz der Gärten", Ulmer 1990
Hobhouse, Penelope: „Illustrierte Geschichte der Gartenpflanzen", Scherz 1999
Gisela Keil, Jürgen Becker: „Die Kunst der Beete", DVA 2003
Roth, Johannes: „Gartenlust", Keyser 1989
Sackville-West, Vita: „Mein Garten", Piper 2001
Taylor, Jane: „Schattige Gärten", Christian Verlag 1993
Ursel Borstell, Rosa Wolf: „Gartenpflanzen", BLV Verlag
Hans-Dieter Warda: „Das grosse Buch der Garten- und Landschaftsgehölze", Bruns Pflanzen

ISBN 978-3-8094-2362-1

Originaltitel: Pflanzen-Highlights

Umschlaggestaltung: Atelier Versen, Bad Aibling
Fotos: Ursel Borstell
Text: Susanne Wiborg
Redaktion: Herta Winkler
Herstellung: Sonja Storz
Layout, Typografie, Satz, Bildbearbeitung, Lithographie, Lektorat:
Makro Chroma Werbeagentur, Hilden

Druck: Polygraf Print, Presov

Printed in Slovakia

817 2635 4453 6271